Michael

A Ballad Play in Scots

Michael

A Ballad Play in Scots

William Hershaw

Grace Note Publications

Michael: A ballad Play in Scots
First published 2016 by
Grace Note Publications C.I.C.
Grange of Locherlour,
Ochtertyre, PH7 4JS,
Scotland

books@gracenotereading.co.uk
www.gracenotepublications.co.uk

ISBN 978-1-907676-76-5

A CIP catalogue record for this book is available from the British Library

With thanks to Brendan McCluskey for cover concept and art

To Tom Hubbard,
Daunnerin Scholar and Polymath

$$F_n = \sum_{k=0}^{\lfloor \frac{n-1}{2} \rfloor} \binom{n-k-1}{k}$$

in order of appearance

Guilliano:	a deil, in Michael's service.
Sea-man:	a seagull.
Corbie:	a crow.
Tammy Norrie:	a puffin.
Thomas the Rhymer:	Michael's servant and trusted friend.
Anonymous:	a ballad makar.
Michael Scot:	a polymath scholar, mathematician, scientist, alchemist.
Pope Honorius III:	a pope.
King Frederick II O Naples:	a king
The Planets:	Muin, Mercury, Venus, Sun, Mars, Jupiter, Saturn.
Three Deid Polls:	three severed speaking heads.
Three Deils:	Chico, Ricco and Keiran.
Rabbie Burns:	Poet and songwriter.
Joe Temperley:	Jazz saxophonist.
Jimmy Shand:	Accordionist.

Prologue

Hoose lichts aye up. Anonymous kyths in the middle o the haa wi his duffel coat hood ower his heid, strumming mandolin chords. He daunders ben the aisles, singan *Some Say The Deil's Deid*.

Anonymous:

Some say the Deil's deid,
The Deil's deid, the Deil's died,
And buried in Kirkcaldy.

Some say that God's deid,
That God's deid, that God's deid,
And buried deep wi Nietzsche.

Some say that Michael Scot,
Michael Scot, Michael Scot's
Ghaist walks roond Balwearie.

Some say the Deil's deid,
The Deil's deid, the Deil's died,
And bidin in Kirkcaldy.

Aince he has gaun round the haa, he mounts the stage and crosses ower it. He depairts oot the back wey. His sang can be heard echoing and growing fainter.

Act Ane

Fife, 1232. Winter. The wind howls ower a god-forsaken strand. Aiblins somewhaur near Dysart. Snatches o music are heard, blawing like reek through the wind: *The Chaos Jig, The Creation Reel, The Resurrection Polka.*

Enter Guilliano, a smaa deil, cairrying a creel and a bucket and sundry graith for digging and howking wi. He is girning and cursing tae hisel. His horns are cowpit laich, dowff-like and his scaley tail drags in the weet saund. He is happit wi ropes round his wame. The wind draps doun.

Guilliano: Thon swaal-heidit, fashious, deavin, threipan, scunnersome, ill-gien, ill-thochtit, contermacious, thrawn, swickan, nae-guid, heid-nippin, grumphie, gruesome, dung-flee bider, shairn-cakit, midden-minger, creeshie, clarty, stuck up, up hisel, fou o shite, *mortal* papyngo!

(Guilliano clatters his bucket and creel ower the saund.)

Guilliano: Erse! Bastart! Erse! Bastart!

(Guilliano pents a crude face wi a stick in the saund. He picks up a spade and blouters and lounders the face, cursing and ranting at it.)

Guilliano: Wha dae ye think ye are, eh? You're no luikan sae smert nou, Sur, are ye? Guilliano'll lairn ye hou tae speik tae your betters, ye pompous cuif!

(Enter a man wi a deid sea-maw on his heid fae the left. He is happit in gull feathers. He staunds on ane leg for a whiley wi his heid tae ane side, goaving at the sicht o the unco deil gaun radge. Guilliano disnae ken he's there. The sea-maw hops neirer.)

1

Sea-maw: Ocht – naw, naw, naw – this'll nae dae ataa!

Guilliano: Whit the ffff ! … whit are you? Man or buird?

Sea-maw: Juist a Sea-maw: They caa me *a scaur* roond aboot these airts
                though …

Guilliano: Imphm? Weill Maister Sea-maw, gin it's aaricht wi you, if ye
                dinnae mind – flee awaa tae Freuchie and kindly keep your
                neb oot o ither fowk's business. As ye can see, I've business
                on haund here, wasting the ugsome coupon o this mortal
                tyrant and hammerer and torturer o innocent deils.

(Enter a corbie chiel in bleck feathers and wi bleck beak fae the left haund
side.)

Corbie: Whit's the story here?

Sea-maw: This deil's no very happy. He's panning the erse oot o the
                sand.

Corbie: Aye, I can see that. Weill duin tae him though. He'll caw the
                lugworms up tae the tap. I like lugworms. I like seafood. I see
                food and I like it.

Sea-maw: But he's no daein his bluid pressure muckle guid.

Corbie: Syne aa tae oor guid. He'll drap doun deid suin and we'll pick oot his bonny ruid een as the sang gaes ... yum, yum – like pickled eggs. Mind you, he's a deil. He cannae dee athout his Maister's permission. (whispers) You ken hou I mean ... ?

Guilliano: Wad you twaa mind? Gie it a rest!

Corbie: Keep your sark on, clootie.

(Guilliano flings his trowel at the twaa buirdmen. He misses. They step ower it disdainfully.)

Sea-maw: Aye, he's in a fell mood wi somebody.

Corbie: Is he no juist!

(Enter a Tammy Norrie fae the Bass Rock, his gub steekit wi sand eels, waddling.)

Tammy Norrie: Mmmmm iphmm iphmmm mmm?

Corbie: Sorry Chief? I didnae catch aa that?

(Tammy Norrie opens his beak and draps his eels.)

Tammy Norrie: I said whit's gaun on here?

(Corbie douks doun and grabs and swallaes the eels.)

Tammy Norrie: Haw! Whit's the gemme? I was efter haen them tae ma supper.

Sea-maw: No nou, you're no.

Corbie: I thocht ye didnae want them when ye drappit them. I didnae like tae see them gaun tae waste. There's guid eating in them – fou o omega iles. Seafood …

Sea-maw: There's a smaa deil here and he's no joco wi somebody – I wad jalouse it's wi his Maister. No his richt Maister – (whispers) *ye ken hou* … but wi his mortal gaffer by the sounds o it…

Corbie: Sae he's pentit his Maister's coupon on the sand and nou he's cawin the shite oot o it wi his shovel tae mak hisel feel better. I think he's juist makkin an erse o hisel.

Sea-maw: Me tae. His human Maister'll no be pleased if he finds oot … I've never heard tell o a deil haen a human gaffer – usually the ither wey roond …

Guilliano: Weill, ye ken whit, ye scrawny, feathery, rottan faced sea-minks, I dinnae gie a puggy's dowper whit ye three eejits think …

Corbie: There's nae need tae be unpleasant, man.

Sea-maw: Aye, bide cool there, Sur.

4

Tammy: Aye, flaw in wi the tide and oot wi the tide – like we dae.

Sea-maw: Keep the lid on your pipe.

Guilliano: I'd juist like tae see you three bidan cool gin your Maister was makkin you dae the darg I've been yokit tae!

Sea-maw: No *thon* Maister though... the ane wha's name's no tae be ...

Guilliano: Naw – I've been sub contracted tae anither maister – a mortal at that! The shame o it!

Corbie: Sae whit has this *human* yokit ye tae dae, Maister Hornie?

Guilliano: Tae mak ropes fae sand, forever and aye ...

Corbie: Eh?

Sea-maw: Whit!

Tammy: Cannae be duin!

Corbie: No fair! C'est impossible!

Sea-maw: Ridiculous!

Tammy :   No richt!

Corbie: Defies logic and natural law

Tammy: Your erse!

Sea-maw: Your Maister cannae be richt in the heid. No even a deil can
               mak ropes oot o sand.

Tammy: Your Maister maun be missing a pantile

Corbie: Your Maister maun hae tint a corbie step.

Sea-maw: Your Maister maist be wantin a lum tae let the crazy reek
               blaw oot o his heid.

Guilliano: Ma Maister is caaed Michael Scot. He's an awfou bad man.
               He's cruel and he's hertless. But he's the maist clever mortal
               in the haill mappamoun – or sae he tells aabody. He's an
               alchemist and he kens aa the leir there is tae ken. He's read
               ilka buik ever screivit – or neirly. For a mortal chiel he's aucht
               muckle pouers. His heid is steekit wi occult leir. He threips
               his darg is tae gae faurther. Tae hae pouer ower Life and Daith
               even. And he thinks it's a guid laugh tae mak me thole this
               punishment.

Tammy: I've heard tell o the chiel.

Sea-maw: Aye – An ill chiel tae cross.

Corbie: He birselt an auld wyfe's legs I heard.

Guilliano: He's duin muckle waur than thon, and that's juist tae me, I sweir. But let me tell ye ma haill tale o doul …

(Enter True Thomas fae the richt, Michael's leal servantman oot for a daunder on the beach. The ither fower dinnae tak tent o him.)

Thomas: Aha! Whit's this? An unco trystin o rogues and up tae nae guid, I trowe. And thrang amang them I see that nae-guid deil Guilliano, ma Maister Michael's twistit rope tyauver. I'll hunker doun ablaw the sand dunes and lend a lug tae their wittins. Ma guid Maister will hear tell o this buird and baistly collogue …

Tammy: Sae hou did ye become thirlt tae this Maister Scot?

Guilliano: Weill nou … I wrocht in a laichlie office neuk o Hell, a servant tae a clerk. For Hell is fou o buiks, accoonts, papers and records. Ilka sinner maun be roastit in a wey commensurate wi his or her doocot o sins. We hae tae get things richt. Ilka torture o ilka saul maun be screivit doun. We've tae keep tabs on wha's gettin their baas biled and wha's tae hae a poker up their jaxie. Masel, I was nae mair nor a humble gofer atween the Deemster's Office, Hell's Archive O Pain and the Depairtment O Bonfires. Hell is a bureaucratic nichtmare, I'll tell ye that much …

Sea-maw: Sae whit brings ye here tae Fife?

Guilliano: Him! The scunner Scot. He has dealings wi you ken wha …
               *the Bricht and Faain Ane. Jabulon, The Maister Amang Maister
               Masons.*

(The luift gaes mirk and a scud o lichtenin kyths ower the Forth. The Deil and
the buirds trummle and grue and huddle thegither.)

Guilliano: (whispers) Naebody's meant tae ken – but they trystit thegither,
               Scot and *Him.* Michael socht *Him* oot. Wha kens for whit fell
               purpose or tae whit end? *Bleck Jeek* gets bored betimes and
               taks up wi mortals for a whiley – like he did wi Adam and
               Eve and even the bairn-god Jesus in the desert. He's like a
               baudron playing wi a moosie. Efter a while, he ayeweys get
               fed up wi it. As for Scot, he is sae swal-heidit and fou o his
               ain importance he taks it as his richt that *Lucifer* hisel should
               be best neebs wi him. If the *Guidman* hisel shawed up at
               Balwearie Touer Scot wad maist likely ask him tae wipe his
               feet at the door … aw, there's things ging on up thonder in the
               upper chaumer o Balwearie Touer that wad freeze the hair on
               your heid and turn it grey. Even a deil like masel o thoosans
               o years vintage daurnae keek through the keyhole at whit he
               daes in thonder. *Science* he caas it. The advancement o raison
               and unnerstaunding for the benefit o the haill o human kind.
               I caa it butchery. But the *Earl O Hell* encourages him and
               helps him wi his cruel experiments – for nou …

Tammy: Mr. Deil Sur – I ken I'm no the maist gleg on the uptak – but
               ye hinnae tellt us yet hou ye came tae be in thrall tae Michael
               Scot. Or am I missing oot on something?

8

Guilliano: In a word, Tammy Norrie – Chess.

Buirds: Eh? We're no wi ye?

Guilliano: It's a gemme you play on a chequered board wi wee wuidden sodger men. Scot was oot in Persia – he has a muckle bleck cuddie that flees caaed *Diabolus* – and brocht a set o chess back as a giftie for *Lang Lumhat*. Syne they played at it ower their supper in the upper chaumer. Aa nicht they played. Michael won every gemme. Outwittit *the Grand Clootie*. Check mated him ilka time. He disnae like that, *Him*, he's a richt bad loser. Come the dawin the chessmen and the board got ower-cowpit – the haill jingbang got skitit tae ashes. But Michael – he wasnae feart – he juist lauched his heid aff and sneered. "You're aucht me a forfeit for that, I'll tak ane o your deils aff ye tae assist me wi ma darg. I need a new slave – I killed ma auld ane in an experiment." Syne there was a scaud o lichtnen, blae smoke and the strang reek o sulfur, the very touer shuik tae its foundations. Syne the Laird o Hell disappeart. But an IOU note was left in the lobby.

Back doun ablaw in the mirk burgh o Helltoun, thon wasnae a guid day tae cross the Boss. Even the mice made theirsel scarce. He cam breenging intil oor office. "He'll dae," he shoutit, stobbin his finger at me, "he's as much yaise as a chocolate fireguard and we'll never miss him – you! Clerk! – fill oot the indenture papers tae a Maister Michael Scot O Balwearie Touer. As for you, hauflin – pack your bag, redd up your creashie duds – you're oot o here!"

(Guilliano sabs and greets. The sea buirds gaither roond him, shak their heids in peity for him and mutter amang theirsels.)

Thomas: (aside) Hmphm ... this is an ane-sidit picture this puir, wee, hard-duin by deil pents, I'll wager. Though I worry at my Maister's dealings and trysts wi *the Daurk Ane* and hae aye ettled tae dissuade him fae sic dealings. This daemon complainer is luikit efter weill enough by us and has nae claim for remeid. Gin he's made tae gar ropes fae sand, syne it's his ain faut ... but these glaickit sea buirdies seem tae tak him at his word. But wha in their richt mind wad believe a deil's fause word?

Tammy: Dinnae fash yersel nou, Sir ...

Sea- maw: Aye, dinnae you fret nou ...

Corbie: But tell me this, Sir Deil. I've traivelt faur and wide in ma day and fleed ilka sky road and craw road there is tae tak. I've yet tae find a cratur that's no been gled tae win free awaa fae the kinrik o Hell. In fact, come tae think o it, I've yet tae meet ane wha has ever managed it oot o thon anti-parish... until nou, that is ...

Guilliano: Ocht, at first it was nae bad at Balwearie Touer. I was gien room and board. Twaa square meals at morn and een. And even the work wasnae sae bad at the stert ... ye see, I'm weill yaised tae skivvying and wiping erses. "Dae this, dae that, dae the next thing," and never a word o thanks. That's the wey o Hell. But a thocht cam tae ma heid. I jaloused I micht shaw ma new Maister hou guid and leal and eydent a servant I was

– richt fae the stert aff. I wad wrocht sae hard tae please him and bring furth ma industry tae his attentions that he micht even conseider lowsin me fae his service. Syne I wad be free tae daunder the roads o the Airth wi free scowff for the first time in ma lang life.

Sea-maw: Thon disnae seem an ill ploy for a new employee. Whit gaed wrang?

Tammy: Aye, hou did the wheels faa aff the hurlie?

Guilliano: At first things aa gaed weill. Michael spoke wi me gey ceivil like and tellt me he had a job for me. An ugsome hackit auld witch up by Milnathort caaed *Carlin Maggie* had been deavin him. He disnae like competition. She was needing a guid skelp. Nae bother. I gaed up thonder and turned her intil a pillar o stane. Michael was pleased wi me. He gied me a poke o pan draps and a braw cramson vest. "Keep daein weill and I'll gie ye a perr o tartan breeks next," he tellt me. Then I made an erse o it ...

Tammy: Whit did ye dae?

Sea-maw: Aye?

Guilliano: They Borders sheep shaggers had been getting on his wick. "They hae a heich hill doun thonder – it's caaed Eildon," Michael said. "It's the heich maist in Scotland – taller by faur than Ben Nevis. They're ayeweys blawin aboot it. Fae the tap

11

o it ye can luik ower Auld Reekie and intil Fife." He didnae like that. He likes his privacy. He'd been doun dancing in Melrose Abbey by the pale muin licht. They're gey vauntie fowk, Borders fowk. He didnae think they shawed him enough respect. He likes teaching sair lessons. Ye need tae heid doun thonder, Scabby-Tail and clap your paws on that big heip o dirt. Whap it intil fower smaaer hills and then they'll no craw sae loudly, I'll wager. Let them ken I sent ye tae!

Sae I did it. When I got hame I was gey pleased wi masel and askit for the tartan breeks. "Your erse!" he says, and he scauds me wi a bolt o fire. "I said fower smaa hills, no three, ye useless gommeril. Are your lugs fou o coal? A deil that disnae listen is nae yaise tae me." And that was it. Ever since then I've been on the wrang side o his temper. Whit difference daes it mak? I thocht I'd made a braw job o it. Three crouns. I've ettled tae mak up for it since but it disnae seem tae maitter whit I dae. The sicht o me puits him in ill tid. He rants and raves and roars. This morning his parrich was cauld. He flung the bowl at ma heid. It's no ma faut. He set fire tae Peggy the cook when his parrich was ower het. She answered him back sae he commanded the fire lowp oot o the fireplace and gart it chase her doun the road, flames nippin at her fat dowp. O he's a vicious Maister. "I'm gaunnae keep you gey thrang and oot o herm's road," he tellt me. "Fetch a creel, a bucket, a spade. Gae doun tae the god forsaken strand and mak ropes for me oot o sand forever and aye."

(continues tae sab athout restraint and is comfortit by the cooing buirds.)

Thomas: He's missed oot a wheen o bits in this acoont! For ane, hou he cleavit the Lang Toun in twaa and scored a michty cleft – a deep glen nae less fae Chapeltoun Ferm richt doun tae the beach! He puit the fear o daith intil the fowk and they mairched on Michael's touer wi torches tae burn it doun. Michael had an awfou job o it explaining it was an accident. And whit aboot Meg, the daft skivvy lassie? The drouthy deil cowpit back aa the maister's whisky and syne lowpit on tap o the young lassie tae hae his wey wi her. I had tae pou him aff her. Syne I had tae empty Lochgelly Loch doun his thrapple tae sober him up.

(A bell dinnles, heard faintly ower the yowlin wind, faur aff.)

Thomas: That's Michael caain me. A peity – I'd like tae lippent closer tae this collogue atween deil and buirds tae mak siccar that nae mischief kittles fae it – I'm shuir it will.

(Exit Thomas)

Seamaw: Sae tell me, ma guid feir, whit are ye gaunnae dae nou? Run awaa?

Guilliano: Naw, he'd find me. Whit is there tae dae but mak ropes oot o sand forever and aye? I'll juist hae tae thole it. And twaa times a day the tide'll rise and wash aa whit I've wappit awaa oot tae sea. And syne I maun stert again. Forever and aye.

Tammy: Aye – you'll hae tae.

Sea-maw:	You'd be better aff runnin awaa.
Guilliano:	Michael Scot kens aathin. He keeps a magick winnock in his touer. He speiks tae it and it shaws him aa he desires tae see. He keeps three deid polls that tells him the thochts o ithers. It wad gar ye grue. There is nae mortal, nae Alexander, Caesar, or Hannibal wi aa their michty airmies o sodgers and cuddies and elephants wha has mair pouer than Michael Scot. For he has maistered magick enaw. He's read ilka buik.There is nae Plato, Aristotle, Avicenna or Averoes mair wycelike. And he's weill versed in theology as weill – faur abune thon dunderheid fae Duns or Tammas Aquinas or Augustine. It is howpless tae defy his will.
Tammy:	Ye drappit a wheen o names there Chief – wha are they?
Guilliano:	Maistly being roastit guidstyle in Hell as we speik.
Corbie:	Hou dae ye ken aa this anent your new maister?
Guilliano:	He tellt me hisel.
Corbie:	Let me tell you this, ma guid feir. I hae observed Mankin in aa its various and ugsome races, religions and forms ower a wheen o years – aye, and tastit their flesh sae sweit. There can be nae argument that they hae the harns and nouce tae Laird it guidsyle ower the planet. For whiles we ither craturs wale tae dae the ae thing weill and stick tae it, the Mankin child disnae specialise in ocht but employs his harns tae enslave

ithers tae wrocht his dargs for him. That is his giftie.

Tammy   (glaikit) Eh?

Corbie: Whit I'm saying is this. Your Michael is a mortal, sib wi us.
               Born tae dee. Whitever grand thochts anent hisel that he
               has, his hours are coonted and limited. He'll hae a weak spot
               somewhaur – a chink in his airmour. They aa dae. This is why
               he trysts *wi ye ken wha* – he seeks immortality. That means
               he kens as weill that he has a fatal flaw tae him. Whitever it
               is he'll keep it weill derned. Find it ma horny freend and you
               can cowp him ower intil the dust as David did Goliath ... Nou
               then, let us think on it. Ettle tae mind o aa that you hae seen
               him dae afore and aa he has tellt ye o hisel. He is a vain and
               boastfou cockeril on his middenheip o leir sae it shouldnae
               be ower hard for ye tae recaa. Let us find something that this
               daeer o aa things cannae dae and syne we'll stert tae unraivel
               him ...

(Lichtnin forks. The luift gaes daurk. The wind rises. The lichts fade oot.)

Act Twaa

The stage is pit mirk. Enter Anonymous, a sangster amd makkar o ballads. He is a shadowy chiel. He is hooded and hauds a lichtit caundle afore him. He sings saftly the words o *The Elfin Knicht*. As he crosses ower the stage his flauchteran caundle flame shaws us neuks and crannies o the tapmaist chaumer o Michael Scot's touer at Balwearie. The chaumer is an unco space: pairt library, pairt laboratory, pairt alchemist's howff as befits a polymath. It is fou o instruments scientific and magical. There are ane or twaa mair gruesome objects that hint at the daurker airts: skulls and banes and limbs o leivin craturs. Steekit baisties. Horrors in jaurs. The stane waas are covered wi Michael's screivins in chalk. Chemical symbols, mathematical formulae, pentagrams. Anonymous airts us tae a chalk diagram o a double helix. He shaws us diagrams o atoms and electrons and pairticles. Michael's obsession wi numbers is eydent.

Screivit there enaw is a proof o transcendental numbers. Sae is the *Fibonacci Sequence.*

$$c_0 + c_1 e + c_2 e^2 + \cdots + c_n e^n = 0, \qquad c_0, c_n \neq 0.$$

$$f_k(x) = x^k \left[(x-1) \cdots (x-n) \right]^{k+1},$$

$$\int_0^\infty f_k e^{-x}\, dx,$$

$$c_0 \left(\int_0^\infty f_k e^{-x}\, dx \right) + c_1 e \left(\int_0^\infty f_k e^{-x}\, dx \right) + \cdots + c_n e^n \left(\int_0^\infty f_k e^{-x}\, dx \right) = 0.$$

$$P + Q = 0$$

$$P = c_0 \left(\int_0^\infty f_k e^{-x}\, dx \right) + c_1 e \left(\int_1^\infty f_k e^{-x}\, dx \right) + c_2 e^2 \left(\int_2^\infty f_k e^{-x}\, dx \right) + \cdots + c_n e^n \left(\int_n^\infty f_k e^{-x}\, dx \right)$$

$$Q = c_1 e \left(\int_0^1 f_k e^{-x}\, dx \right) + c_2 e^2 \left(\int_0^2 f_k e^{-x}\, dx \right) + \cdots + c_n e^n \left(\int_0^n f_k e^{-x}\, dx \right)$$

$$\int_0^\infty x^j e^{-x}\, dx = j!$$

Anonymous wanders ben the chaumer haudin up his licht tae gie us glisks o Michael's world. He stumbles ower Michael hisel liggin on the flair asleep, rowed in his blae cloak. Anonymous hauds the licht close up tae Michael's face. Michael groans and steers in his asleep. The fading singing o Anonymous waukens Michael fae his hangower. By the time Anonymous leaves the stage Michael is staunding up, rubbing his een and his thrabbin heid.

Anonymous:

A lady wonned on yonder hill,
Hee ba and balou baa,
And she had musick at her will.
And the wind has blawn my plaid awaa.

Up and cam an auld, auld man,
Hee ba and balou baa,
Wi his blue bonnet in his hand.
And the wind has blawn my plaid awaa.

"'I will ask ye questions three:
Hee ba and balou baa,
Resolve them, or ye'll gang wi me.
And the wind has blawn my plaid awaa.

Ye maun mak tae me a sark,
Hee ba and balou baa,
It maun be free o woman's wark.
And the wind has blawn my plaid awaa.

Ye maun shape it knife-sheerless,
Hee ba and balou baa,
And ye maun sew it needle-threedless.
And the wind has blawn my plaid awaa.

Ye maun wash it in yonder well,
Hee ba and balou baa,
Where rain nor dew has ever fell.
And the wind has blawn my plaid awaa.

Ye maun dry it on yonder thorn,
Hee ba and balou baa,
Where leaf neer grew since man was born.
And the wind has blawn my plaid awaa.

I will ask ye questions three:
Hee ba and balou baa,
Resolve them, or ye'll neer get me.
And the wind has blawn my plaid awaa.

I hae a rig o bonnie land,
Hee ba and balou baa,
Atween the saut sea and the sand.
And the wind has blawn my plaid awaa.

Ye maun plow it wi a horse bane,
Hee ba and balou baa,
And harrow it wi ae harrow pin.
And the wind has blawn my plaid awaa.

Ye maun shear it wi a whang o leather,
Hee ba and balou baa,
And ye maun bind it athout strap or tether.
And the wind has blawn my plaid awaa.

Michael: Sic draims, sic draims that deave me! Whit's thon noise?

He is a short, swack chiel, younger luikan than his years. He possesses muckle sel confidence, personal cherm (when he wants or needs tae yaise it). He has baith practicality and intellectual ability but there is a wariness and betimes a furtiveness aboot him that belies the pouer he weilds.

(Anonymous is heard aff stage:)

Michael: Wha's sneddin a sow's thrapple? Whit is yon skraighan?
                  Whaur daes it kyth fae? Cease this dinnlin in ma lugs at aince!

(Fae affstage Anonymous sings:)

> *Ye maun stack it in the sea,*
> *Hee ba and balou baa,*
> *And bring the stale hame dry tae me.*
> *And the wind has blawn my plaid awaa.*
>
> *Ye maun mak a cart o stane,*
> *Hee ba and balou baa,*
> *And yoke the wren and bring it hame.*
> *And the wind has blawn my plaid awaa.*

Michael: Haud your wheesht doun thonder afore I set ma deil on you!
                  Dae ye no ken whaur this is? This is Balwearie Touer – whaur
                  you trespass. This is Michael Scot that you hae daured tae
                  wauken!

(Anonymous continues:)

> *Ye maun thresh it atween your lufes,*
> *Hee ba and balou baa,*
> *And ye maun sack it atween your thies.*
> *And the wind has blawn my plaid awaa.*

Michael: It gaes on and on ... mak it stap! Can a man get nae peace in his ain chaumer tae sleep aff a nicht on the ruid biddy? Whase daft idea was it tae gar the bleck courser tae flee tae Paris? Aw! Never again! Ma heid's been cleft in twaa – never again! And wha is this cockeril oot by, wha daurs defy The Maister O Balwearie? By Goad he'll pey for this alarm!

(Michael gaes tae the winnock. The singing continues fae Anonymous:)

> *My curse on those wha learned thee;*
> *Hee ba and balou baa,*
> *This night I weend ye'd gane wi me.*
> *And the wind has blawn my plaid awaa.*

Michael: Enough Sir! Sing nae mair – gin that is whit fowk caa singing. Sing nae mair. These gyte words and sounds'll be the last anes tae croak oot o your insolent craigie.

Anonymous   (fae ablaw) Ma pairdon, Maister. I meant nae herm. I thochtnae tae wauk ye.

Michael: Whit mean you by this? It is aye daurk sir. The cock hasnae crawed yet.

Anonymous: I had nae notion o the hour, Maister Scot. It is ma fuilish wey tae daunder ben the span o the nicht. I find it is mair lown then. By the ooriesome licht o the muin I roam the kintrae and faushion ballads tae masel. There is a stillness then that begats imagination. I dinnae tak masel hame till the sun arises and fair Venus, the star o daw keeks furth.

Michael: Then ken tae your cost that it was a gey wanchancy road that tuik ye by Balwearie Touer, Sir. Ye maun pey for your sang wi your hert's dear reid bluid. Staund in the licht o the muin whaur I maun see ye mair cleir ... Whit nemme dae ye ging by sae I ken wha it is I am cawing intil ashes?

Anonymous: I hae forgotten the nemme I was first gien, Sir. Hae mercy and peity on me. Maist fowk are quite joco tae hear ma made up sangs. Some even fling siller oot their winnock tae me – sae that I maun buy breid and beer tae live by.

Michael: It'll nae be siller I fling but something faur hetter ... (lifts his staff) ... but tell me first – you yaised a word I hae heard afore – ballad? Whit is thon?

Anonymous: You surprise me, Guid Maister Scot. Fowk hereabouts say you hae the keys tae the kist o aa knowledge, you keep the library o ilka leid. Aabody kens whit a ballad is – even bairns!

Michael: Ma patience wears oot thin – like the bluid fae a sneddit sow's thrapple.

Anonymous: A ballad is a story. A tale aften set tae a tune, concerning love or daith or fechtan. It is a tale tae be sung about treachery, faith, revenge, guid, evil, magick ... the very stuff o life. A ballad is the minding o hou guid, fell and ferlous things aince ettled in the world.

Michael: And whit is its reason?

Anonymous: You micht think o it as a machine that hauds codes o information – I threip it is a lamp that keeps a gleed o magick fae the past tae licht oor airt through a hodden grey world.

Michael: Ah! The fause sentiment o the hauflins! Aathin is forgotten in the end, fuil. As you and your ballads will be.

Anonymous: And you as weill Maister, in your heich touer? Shuirly the Maister o Balwearie is a name that'll no ever be unscreivit in the pages o Time?

Michael: Step ablaw the winnock – I need tae see ye better. Tell me – dae you mak a guid livelihood oot o sich havers?

Anonymous: Never an easy ane, Maister – but nou and again, a kind haund'll fling a helpfou fairin ma road. Betimes I am biddan tae a noble hoose and treatit weill by the gentlefowk as I entertain them at their groaning table ... noble hooses are scarce tae find though, as are true noblemen.

(Michael lifts an tuims the contents o a chaumer pot doun ablaw. There is a commotion an cursing.)

Michael: Syne tak this fairin, noble Chanticleer. And tak your poke o ballads wi ye. Next time you are ben this wey – I advise the lang road round Balwearie – it'll aiblins keep the skin on your back.

                  Dae ye hear?

(Silence:)

(Michael rings his bell.)

(There is a chap on the door. True Thomas comes in, droukit fae the contents o the skailt chaumer pot.)

Thomas: Is aathin aaricht Maister? I heard voices outside ablaw the touer ... there was a hoodit chiel hingan aboot oot thonder ... an orra luikan tink ...

Michael: Did he get awaa?

Thomas: Aye. Juist as I was aboot tae grab haud o him I got droukit fae abuin. Some minger cowpit a chamber pot! I dinnae smell sae guid nou. The chiel lauched at this like it was great o joke and tuik tae his heels ... but he flung this at me. It's a bairns' whustle. He said something aboot *three times for a cherm. Blaw on the wheepler thrice when ye maist need me, Thomas,* he said ... he kent ma name.

Michael: Aye fine – nou rouse yon lazy sumph o a Deil for me. Tell him tae gae efter this impertinent sangster and tae fetch him back – alive. Maist o the common fowk roundabouts hae mair sense nor come stravaigin around here – and I aye prefer it like that. Gin word passes round that he has got the better o Michael Scot I'll be deaved by aa sorts o sicht-seers and tourists. Naw, tell the deil tae bring him back in ane piece and syne we'll mak a bonny example o him for aa tae see.

Thomas: Aye Sir – but speikan o your deil … micht I hae a word anent him wi ye?

Michael: Aye, Thomas – for you, ma true feir, I'll ayeways set aside time. But no juist nou. I hae a thick heid on me that's dingan like the clapper o a leper's bell. And as aye, there is muckle work tae be duin. Dinnae fash ower muckle wi the deil. I taen his ell stick and his fiddle aff him. He sulks, but he's hermless. When the deil's brocht me back the trespasser – tell him tae fetch me ma parritch – nae cauld this time. Syne when he's made a sow's lug oot o that, gar him clean oot Diabolus in the stables. Syne efter that, send him back tae the god forsaken strand tae mak ropes fae sand – that'll keep him oot o mischief … and Thomas …

Thomas: Aye, Michael?

Michael: Dinnae keek in for a whiley – I hae private business in haund.

Thomas: Richt awaa. Syne I'll chynge masel oot o these pishy claethes. (Exits)

| Michael: | Anither day daws. Anither day like ilka day ahint it and afore it. (souchs) A ballad! A hauflin's tale skraikit by a gowk. Music deaves me sairly. I can neither sing it, play it, thole it nor unnerstaund it. Me, Michael Scot wha can dae onythin he puits his mind tae! A world athoot music wad suit me fine! At the New Year, when Thomas, guid eneuch in aa ither weys, puit on thon dreamy sing-sang eejit's voice and plucked awaa at his harp it seemed tae me that he was juist makkin a fuil oot o hisel. Syne I luikit on the faces o the ither servants – fae the daft scullery lassie tae the cook and they were aa fair taen awaa wi his music. It had a pouer ower them that I cuidnae read or control. I banned the playing o music there and then – though I aye hear it fae time tae time. Gie me facts tae big wi, no havers tae bumbaze a bairn or kittle up the idle fancies o a muin-struck servant. Facts are pouer. I kent as much rocking in the cradle. *Hush a baw, hush a baw,* I mind the nurse craikit like a puddock. I commanded her tungue tae quietness, syne thon deavesome bell tint its clapper gey quick-like. The first weilding o ma talents and the witness o it struck dumb. But wha daes this nameless blellum think he is tae wauk me wi his made up ballad? The haill warld and his dug kens I'm no tae be disturbed at ma work. It's aisy enough tae frichten fowk wi stories o warlocks and wickedness – it keeps them awaa. Gies me peace tae crack on wi ma darg. Science I caa it. The speirin o the Universe. This touer is a meal kirn steekit wi facts. It juist needs tae be redd up a bit. Redd up and kistit and indexed and numbered. I alane am privy tae it aa – and aiblins juist as weill. Gin the midden heip o silly Kings, Princes, and Lord Bishops kent aa whit I ken, the world wad turn intil *The Buik O Revelations*. The yird wad consume itsel in fire athout God needing tae lift a finger. Aiblins thon's aye been his plan. |

(Michael gaes tae the winnock and caa's tae the luift.)

Michael: Eh? Whit dae ye hae tae say, Lord Creator o Aa? (pause)

Nae answer, as aye. At least his former auld boyfriend that he cast oot is mair eydent and civil in his repones. And that is a fact …

… and facts are chiels that winnae ding. They are bricks that can be added tae, ane on the shouder o the neist until a michty touer o knowledge is biggit, swack on its founds o fact and rising ayont the clouds sae heich ye maun hae a neb intil God's ain aipple orchard. And whit are ballads tae facts? Poesie, bairnsangs, fowklore, auld wyfe's tales – creashy vennels, labyrinths that turn back intil theirsels and ging naewhaur but roond and roond. Gie me numbers that can be added tae and jyned thegither. Gie me names, arithmetic, algebra, rational co efficients, square roots, polynomial equations – but nae transcendentals. Twaa is a guid binary chiel, three is a wanchancy felloun and tae be distrustit …

(Michael ettles tae sing a mock ballad o numbers but he is tone daif and tuneless:)

Michael: *1, 1, 2, 3, 5, 8, 13, 21, 34, 55, 89, 144 …*

Acht! I'll hae nae music around me.

(Michael opens the lid on a muckle kist. Inside it are three deid polls, bluidy severed heids, in nae guid condition, their features squashed like halloween neeps. He lifts them.)

Michael: This wad freeze the hairs on the heids o the nebby. Three gibbet murderers, craw's meat! I hae hackit their heids aff and pickelt them tae ma ain ends and recipe. But here's the joukery poukery – I can gar them talk tae me. These jaws and tongues'll jouk like puppets dancing in a luckenbooth at Links Mercat. When I wauk them they'll be able tae tell me the thochts o ithers – sae lang as I keep them sweit. Tell me, ma guid handsome friends. Whit dae ye need?

(The deid polls open their een.)

1st Poll: I hae a terrible drouth. I need beer. Ma lips are pairched.

Michael: Ye ken ye hae nae stamach for it. I'll gie ye a dicht wi a damp clout.

2nd Poll: I hae a toothache. Ma jawbane thrabs.

Michael: I'll see whit I can dae – I hae plyers somewhaur around the place.

3rd Poll: I wish for deith. I am wearriet o this torture, this leivin daith.

Michael: Wretch! Ingrate! I gied you a handsel you ill-deserved. Had it no been for me you wad be dreeping fat on Hell's griddle by nou for your sins. Tak tent – or *The Daurk Laird* maun find oot you are here.

3rd Poll: Ma apologies Maister – I meant nae ill but tae answer you honestly.

Michael: Then mak reparation for your insult ... I need tae ken gin I am in the thochts o anither, and if sae wha and whit are these thochts? You ither twaa, wheesht! Sleep a while.

(1st and 2nd polls shut their een. Michael flings clouts ower them and puits them back in the kist.)

3rd Poll.   Bless you, my Son.

Michael: Wha speiks tae me nou?

3rd Poll: I am his Holiness, Pope Honorius III. You are much in my thoughts, Michael.

(Michael bows elaborately.)

Michael: Your Holiness, I am honoured tae be in your thochts when you hae sae monie ither maitters, spiritual and corporeal tae fash yersel wi.

Pope: You are in our thoughts, because you worry us much, Michael.

I fear for your immortal soul. You have been baptised in the Faith, you have been ordained in the faith, you have been given such great gifts – but how you use them is open to question. There are rumours, ill rumours, concerning how you came by your great knowledge and who you consorted with to gain it.

Michael: Your Holiness – I dedicate ma haill work tae God. I haud nae secrets. I publis ma discoveries – I hide naething.

Pope: That in itself is a difficulty, Michael. Some secrets are best kept hidden. What is it you wrote in your book *Super Auctorem Spherae*? *Every astrologer is worthy of praise and honour, since by such a doctrine as astrology he probably knows many secrets of God, and things which few know.* What if God wants to keep his secrets? Perhaps your great intellect and inquisitiveness take you to places where you should not go? No man can fathom the limitless mind of God, Michael?

Michael: I agree, your Holiness, but daes the Bible no tell us that we are faushioned in the image o oor Maker? Whit was I gien these harns for – shuirly tae puit them tae guid yuise?

Pope: The best use is always for the Holy Church to decide Michael, not you. There are stories that reach me every day – that you were seen in Paris riding a dark horse in the sky!

Michael: No ...

Pope: How did you reach Paris from Scotland in a single night? The Archbishop of Durham informed me that you keep a demon familiar to assist you? If this is correct then you have transgressed – is it true Michael? Have you had dealings with demons and the dark powers? Tell me not.

Michael: You misunderstand your Holiness. I am a man o Science. In order tae comprehend the workings o the mutable things ablaw the muin, the things *the Serpent Betrayer* aften hauds sway ower – anely as God the Creator o aa allows him, of course – syne I maist hae knowledge o the Great Serpent's empire. Sae that the Halie Kirk has weapons tae fecht him wi and defend us. This is ma vocation, tae be a leal servant o the true Kirk and tae ding doun Satan fae his Hellish throne. For this I am slandered by jealous tongues.

Pope: The church already has the weapons needed Michael – they are called Faith and Hope. Lucifer has already been cast down. With Faith in the risen Christ we defeat him and his eternal grave. Now listen Michael – the path you travel is a dangerous one and you go alone. Your soul is in peril. You must come back to your family. If your soul was to fall to Hell's kingdom it would be a sad day in Heaven.

Michael: But would it? Whaur is there pruif o this, Holiness? I ken there is a Hell because betimes I hae bidit there. Heivin I hae heard tell o – but I hae never seen its heich hills or its Laird.

Pope: Then pray for faith, Michael. That is all you can do. Meanwhile I make you this offer. The benefice of Cashel in Ireland, not so far from Balwearie. Or you can have Canterbury in England

31

if you like. You can still write your books and take your measurements – and you will be back among your family.

Michael: I hae sinned ower muckle tae be a priest.

Pope: We have all sinned. Think well on it. You would have power and influence to change the world. They say you had a slave murdered Michael – you had him drowned in a barrel. Why was this? Was it to gratify yourself?

Michael: Mair lees! Nae slave but a common felloun – a murderer and rapist aaready deemed for the gallows, his fate decided. I had him weighed. Syne I had the barrel and the watter within it weighed. And by this means o drounin him in the barrel I was able tae meisure the wecht o the saul that had left his corporeal body. Nou I ken hou mickle in ounces the saul o a man wechts. I hae the number gin ye wad like tae ken it.

Pope: I will pray for you Michael. But I fear that you are too far gone along a path that leads away from God. Animam tuam, et custodiam te Dóminus conservet imortal. Adieu.

Michael: He's gaun! He maunnae dismiss me ! Wha daes he think … ?

(Michael hauds the poll up and shakes it rochly.)

Michael: Come back – I command! Your Holiness … let me finish aff …

(The Poll's een open aince mair. It speiks tae Michael wi a different face.)

Frederick: Come stai, mio mago, il mio mago, mio caro amico, il mio dolce amante?

Michael: Frederick, is it you? Stupor Mundi! My prince, my king! It lichtens ma hert tae hear your voice!

Ferdinand: How fares my bonny numbers boy? Does it rain in Fife as always?

Michael: Leaze me! Hou I wad be wi ye, drinking sweet wine in Palermo – faur awaa fae this dreich leafy den, faur awaa fae these nebby burghers wha dinnae unnerstaun ma saul o genius, faur awaa even fae deavin, speirin Popes. Command me, Ma Lord, and I will ride the bleck courser tae you this very nicht.

Frederick: Ah – so this is the cause of your melancholy. Popes are but fleas, to be shooed away. They disturb the concentration of great men, that's all. There is one buzzes after me always – "Anti-Christus, Anti-Christus," he buzzes in my ear as he tries to excommunicate me.

Michael: But you are a King and an Emperor. Ye maun swat a Pope like a blaebottle gin ye please. But I maist tak tent o the heretic's bonfire. Let me come tae ye this very nicht – I hae missed you dearest brither.

(Michael lifts the poll and kisses it on the lips.)

Frederick: Soon Michael, my dearest friend, but be patient. We will meet sometime but I, like you, have much work to do before we can enjoy each other's company again.

Michael: But did I no dae aa ye askit o me? I hae gien ye aa – the founds o the airth; the geography o the mappamoun; the airts tae Hell, Purgatory and Paradise; the wecht o the saul; volcanoes, rivers and seas. The meisurements and the numbers o the seivin great birlan girrs. The secrets o life itsel I hae liggit at your feet, aa offered gledly as weill, and aa tae please ye.

Frederick: And best of all Michael you have given me your friendship which I hold above all. And yet still one question you cannot answer for me, though I have asked you it many times. What lies behind the last heaven? If you could find your Great God in his bolt hole he might tell you the answer. Think on it well, my dear one and have an answer for me when next we meet – allora ci solleveremo e le torri più basse insieme. Ciao!

(The Deid Poll shuts his een.)

Michael: Wait – bide!

(Michael shakes the heid.)

Michael: Wauken, you scabby-heid! Bring him back tae me!

Deid Poll: Let me sleep. I am deid duin. There is nae mair.

34

Michael: Bring Frederick back, I command or I'll fling ye in the fireplace!

Deid Poll: I cannae … please Maister, let me be. I hae nae mair thochts
              tae utter. He is duin wi you … for nou ar least.

Michael: Dismissed aince again …

Deid Poll: Leave me be, for Peity's sake …

(Thomas approaches. He stops by the door. He coughs. He knocks.)

Thomas: I wish ma maister micht refrain fae sic ill-cleckit daeins. I
              trowe nae guid micht kyth fae sic gruesome trysts.

(Michael derns the poll awaa in a haste and smoors it wi a cloot. He puits the
lid on it.)

Michael: I didnae hear ye there, true Thomas. Were ye lending a lug?

Thomas: No Maister. I'm juist here.

Michael: Syne whit is it man? Speik oot.

Thomas: It's the deil, Guilliano, Maister. He's roaring and sabbin like a
              mad thing. He's gaun daft doun thonder and he wullnae rise
              fae his strae pallet. He says he needs tae speik wi ye.

Michael: Then skelp him wi a stick. Gar him rise.

Thomas: He says he's seick and deean, Maister and that he maist hae
              words wi ye afore he dees.

Michael: And dae ye believe him, Thomas? Is he no puittin ye on? A
              deil's aaready deid in the sicht o God and therefore maunna
              dee again.

Thomas: Forgie me Maister. I'm no weill acquent wi the lurgies o deils.
              But he disnae luik richt – he's gey peeliewally and he burns.
              He raves enaw.

Michael: A deil wha burns eh? I thocht they were aa fire pruif! This
              I'll see. Hap me in ma cloak Thomas. Keep a tentfou ee on
              his Deilship Guilliano. I'll be doun directly and we'll speir
              the truth fae oor seick bairn. Aiblins he fancies a day aff the
              schuil. Here's a dominie that will tawse him though.

Thomas: Richt awaa, Sur.

(Thomas depairts doun the stairs.)

Michael: Acht – I wad fain sleep and never wauken fae this hauf life,
              hauf draim. Hou much langer? Hou maun sic a tuimness o
              laneliness, sic a desert o the saul, sic an eternity o naethingness
              wecht sae lourd? Hou much langer maun I thole and cairry
              sic a crucifix o existence? I wad I had been born a baaheid, a

blellum, a daftie, pishing masel wi lauchter at the madness o it aa, slaiveran a glaickit's sang at the toun cross. Insteid I am Michael – a wyce fuil. The wycemaist. And bored witless wi ma role in the burghers' pageant.

(Michael gaes tae the winnock.)

Michael: Whit for? Whit for? Is this your pliskie – this midden o sins, your airthly empire o suffering? Your chaumer o tortures. Did you thocht me up, a glaim in the mind o a disgruntelt wersh makar, predestined millenia afore ma kimmeran, aa juist sae I micht damn masel? Syne whaur is your triumph? I am forleetit by ma ain faither ... ye abandon me. Dae ye lauch at me fae afaur? Dae aa ma fine words tickle ye? Or is there a turn in the concern tae birl yet? Am I supposed tae gae doun on ma knees and beg tae be forgien and thank ye for it? Syne bide on, I'd raither thole the laneliness o the saul. A battle o wills, aye, but am I no faushioned in your image, faither? You hae makkit me syne ignored me – sae I will ignore you, though ye wale tae burn me in Hell for it for aye. Prime muiver and unmuived, you are unmuived by your bairn's greetan. Sae be it. You will be deid tae me for aye.

(Michael gaes doun the stairs. Lichts laich.)

(Enter Anonymous cairrying his harp. He hunkers doun at the front o the stage and sings:)

Anonymous:

"If I was tae leave my husband dear,
And my twaa babes also,
Oh, whit hae you tae tak me tae,
If wi you I should go?"

"I hae seven ships upon the sea,
The eighth brocht me tae land,
Wi fower-and-twenty bold mariners,
And music on every hand."

She has taen up her twaa little babes,
Kissed them on cheek and chin:
"Oh, fare ye weill, my ain twaa babes,
For I'll never see you again."

She set her foot upon the ship,
Nae mariners could she behold;
But the sails were o the teffeta,
And the masts o the beaten gold.

They hadnae sailed a league, a league,
A league but barely three,
Until she espied his cloven foot,
And she wept right bitterly.

"Oh, haud your tongue o your weeping," said he,
"O your weeping now let me be;
I will show you how the lilies grow
On the banks o Italy."

"Oh, whit hills are yon, yon pleasant hills,
That the sun shines sweetly on?"
"Oh, yon are the hills o heaven," he said,
"Where you will never win."

"Oh, whaten a mountain is yon," she said,
"Sae dreary wi frost and snow?"
"Oh, yon is the mountain o hell," he cried,
"Whaur you and I will go."

He struck the top-mast wi his hand,
The fore-mast wi his knee;
And he broke that gallant ship in twain,
And sank her in the sea.

(Enter Sea-maw, Corbie and Tammy Norrie fae ither side:)

Anonymous: Eh? Whit for?

Sea-maw: Whit no?

Anonymous: Hou?

Corbie: Hou no?

Anonymous   Why?

Tammy: Why no?

Anonymous: Haw yous!

Buirds: Aye?

Anonymous: Are ye real? Are ye buirds, men or neither?

Sea-maw: Buirds.

Corbie: Men dressed up.

Tammy: Dinnae ken. Pass.

Anonymous: I was singing there – ye three spiled ma ballad.

Sea-maw: Sorry Chief.

Tammy: Nae offence like.

Corbie: It's no juist you that gets tae sing. We sing tae. This is a guid
               ane. Ye'll fair like it. Richt lads – in a line – ane, twaa, three,
               fower – gie it laldy nou! Let the buirdies sing!

Aa three form a line and sing, ettling tae harmonise but completely oot o tune
wi each ither. They dance and jouggle their feathers as they sing. Anonymous
puits his hands ower his lugs.

Sea-maw, Corbie and Tammy Norrie sing:

Three craws sat upon a waa,
 sat upon a waa,
 sat upon a waa,
three craws sat upon a waa,
on a cauld and frosty morning.

The first craw couldnae flee ataa,
couldnae flee ataa,
couldnae flee ataa,
the first craw couldnae flee ataa
on a cauld and frosty morning.

The second craw was greetan for its ma,
greetan for its ma,
greetan for its ma,
the second craw was greetan for its ma,
on a cauld and frosty morning.

The third craw fell and skint its jaw,
fell and skint its jaw,
fell and skint its jaw,
the third craw fell and skint its jaw,
on a cauld and frosty morning.

The fourth craw wasnae there ataa,
wasnae there ataa,
wasnae there ataa,
the fourth craw wasnae there ataa,
on a cauld and frosty morning.   (Lichts oot.)

Act Three

Lichts up on the press ablaw the stairs o Balwearie Touer that serves as a glory hole for picks, shovels, buckets and ither ootside graith. It serves as Guilliano's chaumer as weill. In a neuk is a bed o strae. Guilliano ligs on the bed yowlin the hoose doun. Enter Thomas.

Thomas: Wheesht! Be still. The Maister'll see ye shortly. He's a medicine doctor as weill as aa else. Gin there's onythin wrang wi ye he'll suin find it.

Guilliano: Aargh! The pain! I cannae thole it nae mair!

Thomas: Wheesht, I say!

Guilliano: I cannae help it! It's driving me daft! Ma heid's gaunnae burst wi it! Puit mair ile in ma lugs! Help!

(Thomas taks a bottle o ile and pours some doun Guilliano's lugs.)

Guilliano: Rub some o it intil ma horns – they're thrabbin!

(Guilliano grabs the bottle fae Thomas and taks a slug.)

Guilliano: Ah relief! But no for lang I dout ... it'll come back the nou, I ken it aa too weill. Monie thanks tae ye Thomas – true Thomas – you're a guid man tae tak peity on a puir deil in agony.

(Sleekit like)	You're a leal servant – he disnae deserve tae hae sic a man. *Fetch me ma cloak! Bring the bleck courser fae the stable! Kick the deil's erse for me, wipe ma ain whiles you're at it* – ocht aye, he disnae value the worth o ye ataa. Whaur wad he be athoot ye?
Thomas:	Silence, hornie – it's fine I ken you're game. I've gien ye sympathy as I wad ony dumb animal in pain – but you'll no sunder me fae the Maister.
Guilliano:	Of course, of course ... oh, ma puir heid ... it sterts again ... nae offence meant tae ye or the Maister ... but I cannae help tae wonder though ...
Thomas:	Wonder anent whit?
Guilliano:	Why wale tae be a flunkey tae a counter lowper like thon? Luik at ye – you're no athout your ain smeddum. Yet ye choose tae serve him. Number twaa ... when ye micht be a gaffer yersel.
Thomas:	I'm aucht ma life tae him. I'll ne'er forget the debt. I was thirlt in an aik tree bole by a witch, an enchantress. She kept me donnert wi potions and I became her plaything. For years it went on. Michael socht for me. He found me, rescued me and brocht me tae Balwearie. I'm aucht ma life tae him. Still the witch seeks for me. Michael beilds me fae her. Michael is nae saint, I ken as much. He birls up and doun like a peerie. But there is a guidness there and I can anely howp that when aa the birlan staps he'll land on the richt side. In the lang run he'll win oot abuin the bad.

44

(Guilliano sterts tae writhe and birl.)

Guilliano: The music is kythin aince mair! Mak it stap! Ouch! Ohyah!

Thomas: Whit music? There is nae music ...

Guilliano: Can ye no hear it? Hou it stabs and pricks and deaves me sair?

(Enter Michael.)

Michael: Describe this music, Guilliano. Daes it sound like this?

(Michael plucks a note frae Thomas' harp.)

Guilliano: Naw! Naw! Hear it – it grouws louder!

Michael: Then describe it tae me.

Guilliano: It is like the heich pitched squaikin o a billion billion midget moose angels singan – there is nae end or stert tae it. It is ceaseless. *Praise God the aamichty forever and aye* is the gist o it. It is caaed *Musica Universalis.*

(Michael grabs Guilliano by the thrapple and pous him up fae the strae.)

Michael: Nou listen weill tae this music, deil. Fae birth I cannae hear music – o ony sort – tone daif is me – it is aa a meaningless white babel. A bubblyjock being throttled doun a well. Gin you ettle tae trick me ower the heid o this I will tak a ruid het poker tae ye and we'll hear braw music then ! Dae ye tak tent o me?

Guilliano: This is no ma faut! Ye hae unduin me wi this! I am deean and it is aa your daein.

Michael: Hou?

Guilliano: I am a burgher o Hell, cast doun, wi nae immunity fae the leid o angels. The waas o Hell happit ma lugs fae the music as dae the thick stane waas o Balwearie. But ye puit me oot on the god forleetit strand whaur the singing raxed tae me fae the luift abuin. And nou it resonates in ma harns and I cannae be shot o it.

Michael: Sae whit is the purpose o the music you describe?

Guilliano: As the angels caw the gears o the seivin girrs round through the grease o aetherial quintessence, they mak music in praise o the Unmuived Muiver. The universe, the haill jingbang is a muckle ballad that God made that sings back tae him. Aathin alist vibrates and thrummles and is a note in the ever dunnlin chord.

Michael: A ballad you say?

Guilliano: Aye – ouyah, it cams ower me aince mair.

46

Michael: Syne shaw me pruif o this, deil, I'm curious.

Guilliano (aside): Got him!

Michael: Whit was that?

Guilliano: Ma lugs bleed wi it. Bandage me and I will shaw pruif.

(Michael signals tae Thomas wha rochly steeks Guilliano's lugs wi wool and cloth.)

Guilliano: Carefou! Tak tent, ye course minger. Acht, thon's better!

Michael: You will show me these chorister angels?

Guilliano: They are ower smaa tae see – infinitessimal. By makkin me wrocht on the god- forleetit sand you hae made me seick wi a surfeit o them. They hae poured intil ma lugs like pairticles o saund, and nou I cannae shak them oot, nae maitter whit. Their sang o ayesemprile praise for *Him I maunna name* rings in ma heid and destroys me bit by bit.

Michael: What is their name?

Guilliano: They hae unco names – they are ranked in orders and regiments caaed quarks, leptons, photons, gluons ... they dae *His* work.

47

Michael: And you say they are ower smaa tae see?

Guilliano: You think it is aa made up o the fower – airth, watter, fire and air. Dream on!

Michael: Syne you will shaw me this ballad o the spheres?

Guilliano: In a minute. First I need ma ell stick back – the ane ye tuik aff o me when I first cam tae ludge here. I cannae shaw ye aucht athout ma meisuring stick.

Michael: Aa richt. But nae tricks mind, deily. Thomas gae fetch it. It ligs in a neuk o ma chaumer.

Guilliano: Aye – gae fetch it – *leal* Thomas.

(Exit Thomas, furious.)

(Michael picks up a lang ditching blade. He hauds it neist tae Guilliano's thrapple, syne his foreheid.)

Michael: Nou tak guid tent o this, Guilliano. Gin this is a ploy tae undae me, I'll sneck the horns aff ye. I'll flay the cramson skin aff your back wi this sheugh. Ken? Sae nae swickery poukery?

Guilliano: The thocht hadnae occurred, Maister. Honest!

Michael.   Ye will shaw me this. Ye will shaw me hou this music gars the
                constellations tae birl.

(Michael hauds the blade flet tae Guilliano's foreheid and twangs it.)

Michael: A sweit note.

(Michael muives hauf the blade and twangs it aince mair.)

Michael: Shorten hauf the length o the blade and the note becomes
                proportionately heich. Juist numbers and nae mair as
                Pythagorus explains: *mathematical relationships express
                qualities or tones o energy which manifest in numbers, visual
                angles, shapes and sounds – aa connected within a pattern of
                proportion.* There is nae music – juist numbers.

Guilliano: Whitever you say. Gaunnae no dae that, sur? It fair nips ma
                heid.

Michael: I note there are a puckle o hairs grouwin ower your
                scabby back. They fairly sprout oot o your neb and lugs as
                weill. In the sicht o God, for some unco reason, ilka ane is
                considered sacrid. Fine – I will pluck each ane like a gowden
                harp string gin ye ettle tae deceive me wi your divilishness.
                They'll hear your screams in Dunfermline. And mind – your
                bairn's stick has nae pouers ower me. I taen it aff ye tae puit
                the hems on the mischief ye micht kittle wi it hereabouts. I'll
                suin snap it ower ma knee.

Guilliano: Understood. Plain as daylicht.

(Enter Thomas with the Deil's meisurement stick. Guilliano lowps forward and grabs it.)

(Thomas staunds apairt in disgust.)

Guilliano: I need ma ell stick tae mak it work.

(Guilliano claps the stick on the flair thrice.)

Guilliano: Nou luik on, ye mortals!

(The stage creeps wi a thick haar. Enter Anonymous, stepping oot fae mist, ceremoniously, cairryin a broun orb. He places it on a plinth.)

Anonymous: Behaud the Airth we staund on. The centre o God's attention and love. At its centre is Jerusalem. Oor Airth is a mercat o comings and gauns whaur aa is mutable. Here Fortune's wheel birls continuous. Mortals are the puir short-lived sauls yokit tae it, ower thrang wi their fleshly appetites tae lend a lug tae the eternal music that harmonise roond and abuin their sphere o constant chynge.

Michael: I ken thon chiel fae somewhaur – but I cannae place him. Hark nou – he speiks mair!

Anonymous: C'mon ye ancient Gods! The previous lairds o the Airth afore the merry Christmas dawin when the bairn God was born in a byre. Aince haughty terrors tae the common fowk, vengefou flingers o thunderbolts, shape-shifters, fechters in furious wars, famed heroes and jealous lovers, daers o michty deeds – actors yersels o the myths and mysteries that muive us silly mortals tae tears, hubris and catharsis.

Michael: Oh, He speiks weill! This is a guid turn ye've puit on Guilliano.

Guilliano: Shush! This is but the stert o it!

Anonymous: Ancient and immortal anes, kimmers o airthly time – nou pressed intil the service o a faur michtier and mense pouer. Your chairge and duty nou tae luik efter and caw the architected, predestined causies and vennels, levels and flairs that sunder us apairt fae the Empyrean rooms o the palace o oor halie Faither. I command and caa ye doun fae your constellations in the star sown nicht sky. I chant the calling on *Ballad o The Auld Gods.*

(As Anonymous sings, ilka God enters in turn, haudin a coloured orb for their ain planet. In turn, they tie coloured sashes tae the central Airth orb. Syne they dance sedately and slawly round the Airth in imitation o a planetarium. Anonymous plays an air on his harp.)

(The Creation Air)

Anonymous:

> *She rules the nicht, the muin goddess,*
> *Grey gouned, bleck-spottit, Cynthia,*

She walks, the waukrif huntress,
wi her double horned regalia.

Wi pen and buik and siller hood,
His wit and temper quick tae flee,
Up and doun his makar's mood –
Neist the messenger Mercury.

Nou green gouned Venus daes appeir,
First kythin in the firmanent,
She chastely smiles or wanton leers,
Baith faithfou and inconstant.

Phoebus bricht, the bringer o daw,
We're blindit in his being,
Life-bringer, birls his gowden baa,
Heich in his chariot fleean.

Fierce fechter o infinite wars,
At Troy, Thermopylae, Trasimene,
Hail the cramson sodger Mars!
On ilka battlefield's he's seen.

Gleg Jupiter, baith fair and young,
God o raxin and creation,
O crabbit Saturn he's the son,
Oh handsome chiel o celebration!

Lastly Saturn, dowff and cauld,
Ice hings fae his baird o blae,
His grip is strang though he is auld,
Faither Time wha coonts oor days!

(The ancient Gods complete a circle then halt and bow.)

52

Anonymous: You may speir three questions o the ancient Gods and three alane. But be quick. These Godly intelligences hae mair adae than collogue wi mortal fowk, even sic an ane as Michael Scot.

Michael: Wha is the dominant note in the scale, the gangmaister o the planets?

Mercury: We work and sing, sib thegither in the service o the ae Lord, the God o Aa. The sang is in harmony, the dance in proportion, Leddy Cynthia is neirhaund tae the Airth, Saturn tae the howff o the angels, yet aa is interlocked and dependent atween.

Guilliano: (excited) Did ye hear that?

Michael: Tell me noble Gods, Whit ligs ahint the last Heivin?

Saturn: Look within, nae athout. God made the heivin and the airth, the angels and the immortals and the mortals. You are wrocht fae the same stuff as the angels, you are made fae smaa dancing angels jiggin and joukan. Maist o aa ye jalouse ye are is naethin, an illusion, a pentin on o whit ye think o as space and time, you are licht and grace, an antrin lace, made oot o God's love and licht. You are music in his lugs. Gin God is aa, syne naethin maun lig ahint his Aathin.

Michael: Why are we here?

Jupiter: He wha disnae ken whit the world is disnae ken whaur he is,
             and he wha disnae ken whit for the world exists, disnae ken
             wha he is, nor whit the world is.

Michael: I hae heard equivicocal words yet nae answers … gie me facts,
             nae philosophical bairn's word games.

Venus: A wyce like mind disnae daunder round imagined corners.

Mercury: The mair ye think ye ken, the less ye ken.

Michael: I hae mair questions tae puit …

Anonymous: Enough! The Spheres hae answered and maun nou depairt.

(The planets untie theirsels fae the Airth orb and leave in order. Anonymous
lifts the airth and exits.)

Guilliano: Nou here is your chance Lord Maister! Think on it! They hae
             shown ye hou tae clip their wings and wheesht their scraighan
             singan. Think on it! Bring ane tae a halt and they aa hae tae
             stap – and the haill o time and space wi it! Whit a bang and
             a clash and a fury when aa thon pious millstane grinds tae a
             staundstill! Ye wish tae luik the Great Faither in the ee? Weill
             nou, he'll come running quick enough tae ye syne! But hae ye
             the stamach for that? Hae ye the bollocks tae staund up tae
             him? Ye'll hae managed whit his favoured toyboy cuidnae pou
             aff!

You'll hae puit the hems on the haill o space and time ...

Michael: Hou can I dae this Guilliano?

Guilliano: Easy as toast! Retour tae me ma auld fiddle and I'll tyauve thir
             ropes o saund intil steel hawsers, intil titanium, intil uranium.
             A jig on ma fiddle'll mak the carbon grains mell thegither intil
             a gey teuch net, stranger than airn – strang eneuch tae haud a
             fou muin. Lat me summon ma divil neebors tae ye tae lend us
             a haund. We'll mak short work o it. We'll puit a wabster's web
             ower creation, time, space and aathin, We'll fling a spanner in
             the gears, we'll caw it aa doun intil the dirt, it'll aa gan doun
             the siver, whit larks we'll hae! Gie me a puckle o hours – I'm
             on tae it!

Michael: Bring the deil his fiddle, Thomas

Thomas: But Michael – are you sure o this?

Michael: I said bring it!

(Thomas exits. Guilliano skips wi excitement, singing like a lintie.)

Michael: This puggie jalouses that he's set me up. Checkmate! It is
             ayont his jealous and vicious thocht that I am weill past the
             bothering. Then bring this on and let us see whit divilment
             ensues. Faither – you gied your bairns free will though nane
             thocht tae yuise it. I will – tae destroy, tae negate, because
             I am bored wi the prospect o eternal praise for an absent

55

Faither. I will no be pairt o this joke nae langer. I'm lowsed o this random, thochtless universe. Like a reid – eened snarling rottan claucht in a trap, gnawing its ain foreleg aff tae be free, boakin wi the pain and the frustration o it. Or aiblins mair like a third rate, doun at heel, crackit actor, makkin a bawbee fae spewing up a puckle deid duin lines: God made me tae ken him and tae love him, tae praise him aa ma days. Keich!

(Thomas retours wi the fiddle. He haunds it tae Guilliano coolly.)

Thomas: Your fiddle, Maister Deil.

(Guilliano taks it and runs aff lauchin his heid aff.)

(Stage gaes pit mirk.)

Act Fower

Midnicht, the God forsaken strand. A muckle white balloon wi a happy face pentit on muives slawly ower the stage. Clarsach music (*Muin theme*).

Guilliano and three ither deils are working busily biggin sand ropes. Finally, when they are ready, Guilliano lifts his fiddle and sterts tae play *The Sand Rope Reel.* The ither three deils stert tae dance round the ropes singing lustily. The gentle clarsach music is drouned oot.

Deils:

> *Mak them stey and mak them strang,*
> *Tyauve them swack and wap them lang,*
> *Gar them twist and bear the gree,*
> *Tae heeze the muin intil the sea.*
>
> *Heave awaa, heave awaa ma deils!*
> *Tae puit a spoke in Godly wheels!*
>
> *Gie them virr and rax their span,*
> *Tae puit an end tae heivin's sang,*
> *For we're the lads wha hate creation*
> *And harmony o constellations!*
>
> *Heave awaa, heave awaa ma deils!*
> *Tae puit a spoke in Godly wheels!*

(Enter Michael and Thomas. Michael hauds his staff.)

Michael:	Mair music peeblin ma lugs, fylin ma thochts. Can they no haud their wheest ? I am wi Guilliano, at least in his darg tae wrocht a silent universe.
Thomas:	Hell has its ain music. It is anely God's halie music that Guilliano and his feirs seek tae rip the leivin tungue fae. Hark and carp at their hellish worksang!
Michael:	Syne at least it's a stert. And when the silence faas, and the girrs cease their birlan, when the Muin stauns fixed in the luift, when nae tide turns, and the crippelt sun never rises, when no even a leaf steers, when nae aipple draps, and aa that breiths, lowps, lives and dees freezes like ice and aa that remains is a tuneless thraw o cauld stane stars gloweran doun on a lifeless scene – syne *He* will come. He *maist* come then tae see aa whit's been unduin. Hou a mortal bairn has snuffed oot his muckle bang like the peep o a caundle flame. Aye – he'll keek ower the rim o the Empyrean, juist as I dae the gless kist I keep the curly adders in. Syne he'll ken this was aa the daein o Michael Scot, the Laird o Balwearie.
Thomas:	Sir, up till nou I hae kept ma counsel in this. But at last I maist implore ye no tae gae faurrit wi this mad and vain glorious ploy. Think on whit ye dae! This is no like ye, Michael! Think on it! Ye ken that I am leal tae ye and wadnae lee – this craziness'll kill ye, man!
Michael:	Dae not concern yersel. I hae made arrangements wi Guilliano – fear nae. Yersel and masel'll be happit in a bubble – a worm hole he caas it. Snod as bairns in a cradle. We'll watch it aa fae afaur and be safe.

Thomas: But whit o the lave o Mankin?

Michael: They'll never ken it or feel a bit o pain. Like the puggies I smoored wi the ether. They'll pass intil a draim. A blessing fae this vale o tears for maist I'd say – the maist o them are miserable slaves, skivvies, drudges, peasants and colliers. I say we dae them a guid turn tae lowsen them fae their fate – wad you no? And nae purgatory o punishment will befaa on them – the sin o their killing will be screivit on ma accoont – has there been a greater ane since Judas? Ha ha – we'll hear whit he says tae that!

Thomas: Michael – dae ye no think *He* jalouses your ploy? He is the Aamichty, ootby time and space. He kent aeons afore ye were made that you wad dae this tae him ...

Michael: That is the test I set him Thomas – for gin aa that is true, whaur is he? Why daes he bide then? Aiblins he is donnert and has forgotten. Aiblins he disnae gie a docken either wey, bored wi his experiment or disappointit wi its results. Aiblins he is deed or was never there ataa – like the fourth craw in the hauflin ballad.

Thomas: But Hell aye stands.

Michael: Aiblins Hell invented Heivin. We'll find oot suin.

Thomas: Maister – Sir – Michael, oot o freindship, oot o the guidness I ken bides in ye yet. Dinnae gae aheid wi this. Anely daith

59

and disaster and despair – a bitter outcome – maun be the conclusion o this daurk and daft naesaying experiment. This isnae like kittlin lightning tae gar a deid puddock's hurdies lowp ...

Michael: Hush nou, Thomas. Eneuch! I hae gaun ower faur tae retour wi this business. Ye aye ken whitever happens that ye are assured o ma love.

Thomas: Ma hert braks at this!

Michael: Luik on nou – it happens!

Thomas: I hae nae wish tae witness this. I'll tak ma chances wi the lave. I hae served you weill, Michael. I wad hae served you mair but that is no tae be. Consider ma debt repeyed. I maun leave ye nou.

(Thomas exits)

Michael: Thomas, feir, dinnae leave me nou ... Acht, anither ane gaun. This is the wey it has ayeweys been for me as lang as I can mind. Sae be it – let the weird faa as it fancies. Let the wheel birl tae the airt it deems.

Guilliano (claps his hands. The three deils come back, ilka wi a muckle step ladder, and workman's tools, clattering and banging and cursing. These are placed ablaw and aroond the hingin muin. Thegither the deils lift up their

60

muckle net and mount the step ladders, flingin the net, wi some difficulty, ower the muin. Ablaw, Guilliano directs. Michael luiks on. As they climb the stepladders they sing to the tune *The Deil's Awaa Wi The Exciseman*.)

The Deils cam through the auld Lang toun,
Singing their gallus tune man,
They've worked their shift tae redd up the luift,
And they've danced awaa wi the Muin, Man
We'll caw it doun, we'll caw it doun,
Juist oot o badness, fine sir!
For we're the Deils, for we're the deils,
Tae puit an end tae time, Sir.

The deils are the lads wha arenae blate
Tae daur the Heivinly scunners,
And when we've duin, we'll dern the sun
And aa the seivinly wunners!
Oh we hate God, hou we hate God,
Wi him we hae nae truck sir,
Hou he hates us, hou he hates us
But we dinnae gie a fuck sir!

Aye damn yous aa, aye damn yous aa
In Hell we'll mak ye squeal sir,
We'll roast yer arse tae mak time pass
For we are aa damned as weill sir!
We'll steal the muin, and caw it doun,
we'll dunt it oot o tune sir,
It's faur ower braw, sae it maun faa,
We'll burst thon big balloon sir!

(By nou the happy face screivit on the muin has turned intae a sad froun. Deardraps rin doun its cheeks. Ane o the deils has pentit graffiti on it's brou. *Radge Deil Team Did This – We Hate God.* The muckle net is yokit ower the muin. The deils sclim doun their ladders. Alang wi Guilliano they fix the net tae a thicker hawser cable.)

Guilliano: Richt ye skivin buggers. Haul this cable awaa through the Wemyss caves and doun tae the very Yetts o Hell itsel. Pou it as ticht as it'll gae, syne thirl it tae the muckle airn door bass – ye ken the ane – it's faushioned tae luik like St. Peter. Hae ye got that? Ticht as a nun's twat nou! Aaricht?

Deils: Richt awaa Boss! Nae worries!

(Guilliano picks up his fiddle and begins to play the tune *Guilliano's Compliments Tae Entropy* aka *The Dirge o Daith,* a slaw ooriesome tune o doul. As he daes, aathin sterts tae turn grey and white. A cauld haar rolls in, smooring the stage.)

Guilliano: Nou this is the cherm that'll fix it. The ropes o sand'll crystallise intil strang bands o ice, never tae be lowsened forever and aye. Ma auld fiddle has the daurk magick in it tae mak siccar the spell will stick!

(Nou the muin is held in the net, stationary abuin the stage. Michael applauds. He hauds his airms wide in invocation. The muin sinks slawly doun intil the sea. The Muin balloon is slawly poued doun tae the ground and syne deflates till it is flet as a pancake.The luift gaes pit mirk. A lichtenin fork clefts the firmanent. There is a lug stouning groan and a grinding o clashing gears as the celestial wheels come tae a halt. *The Creation Reel* is heard loudly. It sterts tae speed up and gaes ower fast, syne it slaws doun, turning mair and mair slottery. Syne it plays widdershins and repeats the haill process till it wynds doun tae a laich groan like a deean baist. The airth trummles. At last it is still. Michael applauds. Guilliano vanishes intil the haar.)

Michael: The end o Creation! Fine work Guilliano – but whaur are ye? I dout he maist be feart o wha cams neist!

(Michael steps forward tae the frozen sea and thirit waves and hauds up his hands again. He shouts and lauchs maniacally.)

Michael: Aye Sir – it was me! This was aa ma daein – wi a smaa bittie help fae a puckle o deils – but aa ma plan, aa ma will, aa juist tae spite you!

(There is a subdued dirlan o thunder and a flauchter o lichtenin faur aff.)

Michael: C'mon nou guid Faither! Dinnae be blate! Dinnae be sweirt nou tae leather your laddie wi your breeks' belt buckle. Fleg me wi a thunderbolt – C'mon, ye bully!

(Silence)

Michael: Whit is this? Ye arenae roused? Luik whit I've duin! Luik at it! Naethin muives! Are ye daif? The never ending sang has endit! Naethin talks back and tells ye hou wonderfou ye are! Ye've failed!

(Silence)

Michael: Rouse yersel fae your sleep you dovering auld Fuil! Mak yersel
             kent! Shaw your face tae me! Tell me you hate me or at least
             love me …

(Michael kneels, sabbin.)

Michael: Dae ye no even care?

(Silence)

(Enter Guilliano ahint Michael.)

Guilliano: Nou luik on the muinless deserts o Eternity – luik on, and
             luik on and on … You hae made this.

Michael: Whit hae I duin?

Guilliano: You hae stilled the tongues o a trillion trillion angels. Nae
             langer dae the bosun's pairticles lowp and jink. You hae
             stymied the stuff o creation. This world o mervels and ferlies
             that you loved tae meisure, dissect, coont and name – is aa
             wede awaa by ain your command. Guid work! Sae much aisier
             tae meisure nou naethin jinks! Think on aa the cities, touns,
             burghs, clachans that lig in slumber like a baudron by the
             fire – but neer tae wauken. Thing on the Kirk bells that you
             hae silenced. Nae mair dawins, nae mair sunfaas. The seivin
             oceans lown nou for aye. And the best bit is this – nae anely
             hae ye killed aa this warld ye kent, ye hae murdered aa ye
             didnae ken as weill! The end o a lang sang! Ye luik surprised
             … whit did you jalouse?

Michael:　　　　I jaloused that the Faither o the Universe wadnae let his braw gairden and bonny creatures dee. I puit him tae the test – for I am Michael. He has failed.

Guilliano:　　　Dae ye despair at whit ye ken nou Michael?

Michael:　　　　I despair.

Guilliano:　　　Despair is a sin. I claim your saul for Hell. Sign here ...

Michael:　　　　Syne tak it – for aa the guid it'll dae ye. It is a dishrag, a cloot, a soiled and wastit flag. You think there is ony value in a thing wrocht by *Him?*

Guilliano:　　　When *He* denied ye – *We* came. *We* aided you in this destruction. For *we* are aye here, and *we* never turn a daif lug tae a summons. But your saul is aye yours tae gie or no. I ask aince mair?

Michael:　　　　Tak the geegaw. A bairn's toy. I hae nae yaise for sic a thing. I'll never miss the ounce...

(Guilliano produces pen, ink and paper.)

Guilliano:　　　Aye, the angel's share ... sign here.

(Michael signs.)

Michael: Tell me this last thing Guilliano – dae the angels sing in me
               aye?

Guilliano: Naethin sings in you Michael.

Michael: And fae whit gear is the saul wrocht ?

Guilliano: Dae ye no ken Michael – mind, you killed the felloun and
               weighed his saul? Hou can ye ken its wecht but no ken whit
               it is made fae?

Michael: Nou I see. Aa ma treisury o knowledge is worth nocht. I ken
               nou the ae thing – that I ken nocht.

Guilliano: Then I am a guid dominie. I will tell thee – though a deil
               shouldnae utter sic words. The saul is made fae *Him*. A glede,
               a sperk, a bane marrow transplant – aa sauls are made fae
               God – even them o deils. But enough! Nae mair speirin.

(Michael kneels, broken and exhausted.)

(Guilliano puits awaa the contract. He smiles. His mood birls suddenly.)

Guilliano: You vain pathetic cuif! Did you really think *He* wad bother
               his erse wi a smaa local dispute in ane o his petty, endless
               realities ? That's richt – greet for your daddie, Manbairn.

Michael: Where is he, Guilliano – why did he no come?

(Guilliano taks a haud o Michael by the thrapple.)

Guilliano: Read ma lips – He's no coming. He never will. No in a million years. No for you. You hae been bidin on the wrang *Godot*. Dae ye ken hou the ashes o despair taste yet? If no, syne suin ye maun, weak Mr. Warlock. And lang and weary ye'll hae tae savour thon taste. For it was aa a ploy fae the stert. You thocht I was a lesser deil? A laichly clerk! Not I. For I am rankit amang the first o the faain angels – *Lucifer's* maist trustit lieutenant. Even the chess game was anely *The Canny Man's* wey o reeling you in like a glaikit Tammy Troot! No juist Check mate – Fuil's mate. Ma mission was aye tae tak your saul back hame as a trophy, tae sit on the *Laird O Hell's* mantelpiece. And a fine trophy as weill: Michael Scot – The Wizard O Balwearie! The Greatest and the cleverest o Men, the maist thochfou o thinkers, philosophers, scientists. And yet you made it gey easy for me wi your mortal's hubris – your sins and flaws and cracks o ego and vanity. Ower easy! Richt lads – bring on the cairtie.

(Enter three deils pouing a tumbril. They are dressed as altar boys and mock piously sing in harmony tae the tune *The Bonnie Earl O Moray*:)

Deils:

> *He was a braw callant and he rade at the ring*
> *Bonny Michael Scot Sir – he micht hae been a King!*
> *He was a braw callant and he played at the baa,*
> *Bonny Michael Scot Sir, the smairtest o them aa.*
> *He was a braw callant and he played at the glove,*
> *Bonny Michael Scot Sir, he was oor darlin love.*

(Wolf whistles fae deils)

He was a bonnie callant an he luikit doun his neb,
Prood Michael Scot Sir, needit takkin doun a peg!
He was a bonnie callant and crouse he loued tae boast,
Vain Sir Michael Scot – in Hell his erse is toast.

Guilliano: This chiel is broken in mind and speerit – he'll gie us nae bother. But let's mak a gowk o him juist for the fun it gies us.

Deils: Aye!

(Guilliano taks Michael's staff and snaps it in twaa. He flings it awaa.)

Guilliano: Ye'll cause nae mair herm wi this schauchlin stick. Birselin auld wyfies! I like auld wyfies – especially witches.

(They push Michael on tae the cairt and tie his hands tae the front o it. They puit a dunce's cap on his heid, lauchin at him, whiles Guilliano skelps his erse wi a cane.)

Guilliano: Oh there's better tae come later on, Oh michty wizard! I hae the poker in the fire aaready. Ocht aye, ye tuik ma fiddle and ma ell stick aff me but ye never kent aboot ma poker. Suin your erse will say hello tae it. O, ye'll pey guid style for aa thon crabbitness tae me. For takkin ma precious fiddle awaa. Mak ropes fae sand? Ye'll be makkin ropes oot o your ain innards afore lang! And ye'll be gled tae dae it. It's the Depairtment o Despair you're heidit for – ane o the harshest, severest, cruelmaist Gulags in Hell. And aff course, there'll be mair punishment added on for destroying sic a *beautiful, braw, real estate creation* like whit the guid Lord made.

68

Tak him awaa tae the everlasting bonfire!

Deils:

> *Hi ho, hi ho*
> *It's aff tae Hell we go,*
> *He'll burn aa day*
> *In a painful wey,*
> *Hi ho, hi ho!*

(Whoops o delicht. The deils heid awaa, lauchin gey coorse-like. They slap Michael and nip him. Stage faas pit mirk. Haar is still. Thunder rumbles.)

Act Five:

The God forsaken strand. A ghaistly haar smoors the stage. Aa is still and silent as the grave. Enter Thomas, hurrying, haudin a bundle wrapped in a cloot.

Thomas: Ower late! I fear ma Maister is taen by the fiends awaa tae Hell. I had howped this micht gie me something tae counter Guilliano.

(He puits the bundle doun. The whustle draps fae his pooch.)

Thomas: Whit is this? Oh, I mind nou – blaw it thrice gin ye need me. Weill, gin ever there was a time ...

(He blaws thrice. Naethin happens. He flings the whustle aside and hunkers doun. Efter a while the hoodit figure o Anonymous appeirs oot o the haar. He picks up the whustle.)

Anonymous: Ma cherm!

Thomas: The anonymous chiel again!

Anonymous: It is I, True Thomas.

Thomas: Tell me – has the crack o doom truelly soundit and is aa life as we ken it wede awaa?

71

Anonymous: It is.

Thomas: And is there nae reprieve?

Anonymous: There is nane. Life was gien this world as its bield. Nou the foremaist o its kin has killed its ain muivment and mutability. The Gods are helpless. They luik on and greet. As dae the angels. The God, the Ae and the Anely will no get involved wi this provincial maitter. Efter aa, he gied his bairns free scowff tae mak this walin.

Thomas: Then why dae I aye still walk and breith?

Anonymous: Because, like me, you hae lived in ither worlds, and left a pairt o yersel in them. I hae heard tell you were aince abducted and thirlt in fremmit airts.

Thomas: Aye, in the bole o a tree.

Anonymous: But the ruits o yon tree didnae rax on the Airth o Adam.

Thomas: The Crack o Doom has soundit then and there is nae mair tae be duin?

               Whaur is ma Maister?

Anonymous: Faur gaun on the road tae Hell by nou.

Thomas: Micht he be rescued?

Anonymous: Michael micht anely be freed if the warld is unyokit first.

Thomas: I dinnae follae ye, guid feir ...

Anonymous: Anely gin the threids o the ropes that anchor the Huntress
               Queen tae the burgh o Hell are wrocht back tae sand maun
               the Muin be freed. Syne time maun wynd itsel up again. Whit
               has ettled can never be unduin – for nae information is ever
               tint – but the Warld micht birl aince mair and ging aboot its
               former business, the Muin hersel wax and wan as aye. Syne
               aa the dovering deid micht wauken fae their draimless sleep
               and never ken aucht o whit has kythed.

Thomas: And Michael?

Anonymous: O Michael I cannae speik. Aiblins he is lost tae the Fiend ...
               but why bother wi this speculation? Nane o this is likely tae
               befaa. The Muin is held fast – the ropes are thick and strang
               and chermed wi the deep magick fae Guilliano's fiddle. It's
               thrummlin notes gar the pairticles pou tichter thegither wi a
               gravity clattier than the strangest glues. Its magick cannae be
               unduin ...

Thomas: Nou thon's an interesting turn ... Please Maister Anonymous
               – for aa oor sakes. Help us, dae aa ye can!

Anonymous: There is naething tae be duin, True Thomas – the wasteland ye see afore ye is due tae your Maister's willful spite.

Thomas: Can ye summons Guilliano back?

Anonymous: Aye, I hae the authority tae challenge him – but whit micht be the reason? Sae that he micht lauch and gloat and jeer? Efter that ane challenge I maun let him gae aboot his hellish work.

Thomas: Summons him back! Dae it and dae it quick afore he wins tae the yetts o Hell. I hae a notion in ma heid that micht work. Michael bade me mak copies o Guilliano's ell stick and his fiddle when he first confiscatit them fae him. Sae he micht study them and delve intae hou their magick worked. I hae the fiddle here, happit in cloots. For it was in ma thochts at the hinder end tae distract the Deil and swap his fiddle for this counterfeit ane. I couldnae manage it.

Anonymous: (doubtfou) We micht gie it a try. Can you play it?

Thomas: I am skilled in the arts o music – I had lang eneuch tae practise them.

Anonymous: This is a risky and wanchancy course.

Thomas: For the sake o Michael's saul, recaa the Deils, I beg.

74

Anonymous: Sae be it. We'll gie it a go.

(Anonymous blaws thrice on the whustle. The haar begins tae cleir. Loud cursing is heard aff stage. The tumbrel wi Michael aye tied on it appeirs. It is being dragged backwards by the three deils wha muive slawly and exaggeratedly, their heids aye fixed taeward the yetts o Hell as if they are being forced against their will by a hidden pouer. Guilliano, haudin his fiddle, hops around in fury, cursing and makkin an unco complaint. At ilka step the deils resist and sweir dreadfou aiths until they are driven by invisible means tae the centre stage.)

Deils: Haw! Whit's the gemme nou? Eneuch!

Guilliano: Fairplay! I hae a signed contract! This is outrageous!

Deils: Ye cannae pou us back nou – it's no in the rules!

Guilliano: Wha blew the whistle? Wha's the shouter o this challenge? Show your mealy face! – there'll be Hell tae pey ower this, mak nae mistake.

Anonymous: It was me, Guilliano.

Guilliano: You! Mr. Music Man. Ye hae nae richt. This is a private arrangement atween me and a pairty formerly kent as the Laird o Balwearie Touer. Keep your sanctimonious neb oot o Hell's business, I warn ye!

Anonymous: You hae killed music. That is ma business. The wheels are still and silent. The ancient planet gods are deean.

Guilliano: *He* is responsible, the michty Wizard o Balwearie – no me or the organisation I represent. I hae a signed contract fae him including the deeds tae his saul. A watterticht contract in law. Onyweys – I was juist acting under orders.

Anonymous And you think that absolves you o responsibility?

Guilliano: Get real Freak. I'm a deil. In a court o law it's understuid I hae a remit tae perform a deil's business. Puit a flee in the ointment, a spaniel in the works, trip up a blind auld man, drag a stick alang the railings, puit an iceberg in the wrang place – whitever it taks, I'll dae it. And guess whit? Collecting sauls for Hell's bonfires in ma job description. Especially list A anes, you complete erse. Any eejit, dunnerheid, gommeril, dunce, neep heid can unnerstaund that. And I had neirly got him ben the door, Christmas bonus, thank you very muckle, M'Lord Satan – when you whustle me back here wi a time oot clause? You're not on, Jocky Sebastian Bach – or should it be Gus Holst I'm caain ye? You absolute fucking disgrace! You'll be hearing mair anent this. You'll get Tokyo when your Boss gets tae ken aboot this!

Anonymous You ken the laws as weill as I dae. Ilka deil's a lawyer tae. It was hellish music that was employed by your organisation tae tichten and toughen the ropes that thirl the muin, thus in turn, causing the cessation o planetary muivement thus, in turn, leadin tae the immediate negation o Time as it was formerly kent. Whither the command tae cairry oot this

76

naesaying act was gien by Maister Scot or yersel is a moot point which maun be decided at a later date by a heicher coort. Either wey, on behalf o aa the planets, including the Airth and aa the erstwhile leivin sauls, burghers, freemen, slaves, colliers, baists, buirds, fish and fowl contained therein I am formally challenging your richt tae dae this.

Guilliano: Fine then. Challenge awaa – but mak it quick. I've a saul tae torture (yawns).

Anonymous: On behalf o the Planets and the Airth – firstly, we demand ye undae the hellish music that wrocht this fell doom on Airthly life. We ask ye tae conseider aa that ye hae cawed doun and aa that is tae come that wullnae rax nou or ever, due to your uncivilised actions. Think on: Heracletes, Plato, Aristotle, Ptolemy, Alhazen, Avicenna, Dante, Shakespeare, Michaelangelo, Da Vinci, Mozart, Beethoven, Rabbie Burns ...

Guilliano: Conseider them conseidered ... let me see nou ... Naa ... whit dae think Micky boy? Any o these chancers any guid?

(Michael remains silent.)

Guilliano: Weill – nae answer fae the great Polymath sae we'll hae tae tak it as a no.

(Deils lauch.)

Guilliano: Mind you lads, I'm no a big fan o kultur!

(Mair laughter)

Guilliano: I prefer a guid whodunnit masel ... I'm partial tae a bit o Dick
                Noir!

Anonymous: Sae ye will no play your fiddle tae free the world?

Guilliano: Not a note. Dream on.

Anonymous: Syne we hae nae choice but tae ettle tae undae the cherm wi
                mortal music.

Guilliano: This I maist see! Daud awaa then – bring it on. Dae your worst!
                But three shots anely nou – rules is rules, ye ken. This'll be
                guid lads!

(Guilliano lays his fiddle on the cairt and faulds his airms, no impressed.)

Anonymous to Thomas: Did you note that?

Thomas: I did. Distract the beastie and I will try to get closehaund.

Anonymous: As we staund ootby time itsel I hae the pouer tae summons
                Music fae the past or bring faurther fae the future ...

Guilliano: Get on wi it, bawbag!

Anonymous: I present you wi the flouer amang them aa. Centuries aheid o nou the makkar o this sang will jyne thegither words and melody tae muive herts and harns in a wey that nae ither o his kinsman can manage – gin this sang o love and human sentiment wad nae melt ropes o steel and aiblins the flinty hert o a deil syne I dinnae ken whit micht dae the trick.

Guilliano: O goodie – a holographic jukebox!

(Enter Rabbie Burns and Joe Temperley, a Fife coal miner/jazz saxophonist. Joe plays Robert Burns' *My love Is like A Red Red Rose* slawly and wi muckle feeling. Rabbie sings it. During the sang Guilliano brings oot a hankie and dabs his een in genuine emotion. When Joe and Rabbie finish Guilliano claps.)

Guilliano: Weill duin Lads! Guid effort but nae cigar! Lovely tune but as ye maun see for yersel the ropes are nae even shouglin a wee bit let alane snapping. They maist hae herts o steel, heh, heh! Weill Professor, that ane hasnae worked. Ane chance gaun. Whit dae ye hae next on the programme? Why no gie yersel a brek and slink awaa nou and save getting a big riddy beamer at the end up o this? Luik Son – I'll even gie ye some help. Gin you're ettlin tae snap they hawsers ye need something faster wi a quick beat tae it – a tae-tapper, ken?

Anonymous: Then I maun gae faurther aheid in time … tae a chiel wha, gien the chance o life wad hae gien pleisure tae thoosans o fowk wha lou tae dance!

(Jimmy Shand enters, baldy, kiltit, with his accordion and plays *The Bluebell Polka*. Guilliano, in mockery, grabs haud o Anonymous and maks him dance tae the music.)

Guilliano: Yeoooouch! Hooch!

(The deils stert dancing. Anonymous, reluctant at first, taks the chance. He grups Guilliano's airm and waltzes awaa wi him, much tae the Deil's surprise.)

Guilliano: Oh! I never kent ye cared … whit strang airms ye hae, you're so manly!

Anonymous: Dae it nou Thomas!

(Thomas quickly gaes tae the cairt and switches the fiddles. Music staps.)

Guilliano: Why I thenk you, a pleisure – deil's choice next up – sadly they ropes are as swack as they ever was. No a mout fae the muin, no a muivement too suin. Last chance Jack Buchanan! Whit dae ye hae for me next?

Thomas: I hae a tune for ye on the fiddle, Hornie!

Guilliano: O it's the lackey – Balwearie's former erse wiper. Whit larks!

(Thomas dirls the fiddle strings and begins the fast and furious *Resurrection Reel* at breakneck speed.)

Guilliano: Eh? Whit? Hou come? I caa ... . Cheatery!

(Guilliano runs tae the cairtie tae check his fiddle is there. The ropes haudin the muin stert tae trummel and lowp. The music kyths louder. The Muin inflates and begins tae rise. The net faas aff.)

Guilliano: This cannae be richt! Anely the music fae ma fiddle can brek
                the cherm! Deils – tak that fiddle aff him richt nou!

(But the deils are held in the grup o the music. Against their will their bodies hae stertit tae twitch and convulse. Guilliano lifts the counterfeit fiddle and attempts tae play *The Dirge O Daith*. Efter a puckle o notes his fingers are forced tae double up wi Thomas tae play *The Resurrection Reel*. There is a muckle surge in the music and electronica and dance beats and bagpipes jyne in. Rabbie beats a drum, Joe and Jimmy jyne in. Nou the deils cannae control their ain muivements and are joukin and jinkan aa ower the stage in a frenetic zombie dance.)

Guilliano: (screaming) This is isnae ma ain fiddle – ye've swicked me,
                Thomas! Gie me ma fiddle back! Ye've stolen it, that's no
                alloued. You maunna tell a lee!

Thomas: That's richt, I cannae – and I hinnae.

(Thomas is gey thrang at the music. Nou the ropes are pouing, ruggin, threatening tae snap.)

Guilliano and deils: Stap! Stap! You're murdering us! I caa a respite!

Anonymous: Nae respite grantit. You gied the fiddle tae Thomas freely.

When he liftit it ye didnae say no … sae he's entitled tae play it.

Guilliano: Naw! Naw!

(The deils nou form a line and judder aff stage, they come back, aye dancing back wi their stepladders. Aye twisting, jiving, shuddering and shouglin, they place the ladders and girning, cursing, yowling and bawling begin tae sclim up them. When ilka deil wins tae the tap rung, he screams and snarls and yelps in rage syne lowps intil the sea tae droun.

The music subsides.The thick hauser haudin the muin snaps wi a loud bang. The net faas aff the muin. There is a daifening whirring o grandfaither, cuckoo and aa kinds o clocks striking the hour. The clashing o the planetary gears reverses. The muin face sterts tae rise, a smile restored tae its face.)

Anonymous: You will fiddle and dance ower the bow o the Airth till the end o time, Guilliano. You will hae nae rest or peace.

(Guilliano, still fiddling, is forced tae dance awaa aff stage, as he leaves sweirly he curses and maks threats.)

Guilliano: Dinnae worry – for you've no seen the last o Guilliano, ye kirk-loving cuifs. And as for you, True Thomas, toady, counterlowper, unctuous retainer, creeping Jesus, *Fiddle thief* – your number's up, oh aye, dinnae you fash yersel, for Guilliano'll mind o your ugly pus and hou you cheatit him oot o the saul o Scot o Balwearie … I'll be back … I'll be revenged on the haill lot o yous, … I'll see yous burn in Hell yet … bourgeois bastards! … wankers!

(Guilliano depairts the stage. For some time his shouts and fiddling are heard, growing fainter and fainter. A caller wind sterts tae blaw. Thomas gaes tae the cairt and releases Michael, who, heid boued, is nou penitent and much diminished.)

Thomas: Welcome hame Maister. Are ye richt enough? We'll repair tae Balwearie Touer directly – you'll be fine in a puckle o days.

(Michael allows hisel tae be led by Thomas. Michael sings in a hushed bairn-like, oot o tune voice.)

Michael:

> Hush ballou, hush ballou,
> Bairnie's in the cradle, Faither's hame enaw,
> Coorie doun ma laddie, hush belaw.

Thomas: He's doitit, puir saul – he maks nae sense!

Michael:

> Hush belaw, hush belaw,
> Bairnie's safe and snod, your Faither's here nou,
> The nurse swings fae the gallows, fear naw.
> Lang Lamkin's tae the bonfire, hush ballou …

Thomas: Whit hae the monsters duin tae him? He's clean gyte. We'll suin hae him back …

Anonymous: No Thomas. I fear not. Your Maister and feir has broken the universal laws. He has offended the Gods, tae lay but the maist laichly chairge. Aince his wits retour he maun be tried for his sins afore their Coort.

(Lichts oot. Aa in pit mirk.)

(Lichts bide oot for twaa meenits. Slawly they come back on.)

Anonymous: Tell me Michael - hou are ye nou?

Michael: Bruises and sair banes'll mend. Ma faculties hae retoured though I am sair wabbit and ma heid is as licht as a feather fae the mirliegoes they deils puit me through.

Anonymous: Ye ken whit comes neist?

Michael: Aye, I dae - I maist face the Musick.

Anonymous: Aye, and a cruel and lourdlie judgement micht befaa you nou. The Gods are nae weill famed as feirs tae mortal fowk. You hae gien them guid reason tae complain that you hae wranged them. You are ill yet, man. Let Thomas and I speik for you in the coort on your behauf. I am restricted by heivinly law anely tae opine on maitters o musick but since this haill play is attour the maitter o musick I jalouse I will hae jurisprudence on this.

Michael: I thank ye for that. But this course was ane I plottit masel. These walins I made, the gait I hae gaun, hae brocht me tae this tryst. I maun account for masel. Let us gae ben.

Anonymous: Bide a wee, Michael. I maist speik wi ye faurther. I hae a speir. It is said o you that when you were a girning bairn in the cradle, aye happit in hippins, your nouris sang *hush a baa* tae dandle you tae sleep. In rage you speeled the puir wyfe's tungue still and she was dumb for the lave o her days.

Michael: Why mind me o faurther misdaeins nou?

Anonymous: Then it is true?

Michael: Aye.

Anonymous: But for why? It was a naitrel thing for the nouris tae sing and she shuirly meant nae herm by it?

Michael: She soundit gey unnaitrel at the time.

Anonymous: Ye mind o aa this cleirly? And you juist a bairn in the cradle?

Michael: As cleir as I mind this morning. I hae aye been blessit wi strang memrie.

I mind aathing I hear and read and see.

Anonymous: Syne you'll mind o your mither?

Michael: Ma mither deed when I was born sae that I cannae.

Anonymous: That she didnae. Though it wad hae been better aff gin she had.

Michael: Whit's this? Whit ken you anent ma mither and her fate?

Anonymous: And whit o your faither?

Michael: Auld Balwearie? I mind him fine eneuch! A dour, cantankerous tichtwad wi neer a hertsome word tae say tae ruise his son. He deed when I was a laddie o twaal, syne I became the Maister. I thankit God! But whit o ma mither? Whit haverins are these? Tell me nou, though it aa be lees.

Anonymous: Your mither was nocht but a young lassie when your faither merrit her. Your faither needit tae gae tae Lunnon, he was commanded by the King o Scotland tae jyne his pairty. Your faither was a shrewd and canny chiel. He frettit hisel that Balwearie Touer was neither strang nor safe eneuch for you or his wife tae bide alane in. He was richt. It was a widdershin time. But for aa his wyce foresicht he was ower mean tae pey the gaun rate for the biggin work tae be undertaen. He brocht a wanchancy trowe in fae the moss and the muirs tae dae the darg. This deil was caaed Lamkin.

Michael: Lamkin?

Anonymous: And this Lamkin did aa the wark hisel and biggit up the waas and puit in a strang aik door and made Balwearie Touer a safe beild for you and your mither... He tyauved and warselt and sweatit bluid tae heeze up timmers and blocks o stane. And when the job was duin he came tae your faither and asked for his due peyment. But Auld Balwearie was ower grippy wi his purse strings. *Awaa the nou wi ye, Ye'll get your siller when I retour fae Lunnon* he tellt him. And that was that. But your faither had made a sair misjudgement and there were three things he didnae ken anent this Lamkin. First o aa, Lamkin had been beset wi the first oncome o lipperdom. He kent he was a deein man though he hadnae tellt a saul. Secont, Lamkin had taen up wi the nouris - no the puir wumman wha you struck dumb but the first nouris - a skeery, glaikit straik o a changeling wi a shraik o a laugh that wad cut gless. Lastly, this Lamkin had kept a spare key tae the aiken door. The very nicht that your faither rade ower tae Reekie, Lamkin came back in fae the foggy moss, fou and ruid eened wi thochts o murder and revenge sweelin in his seick heid.

Michael: I mind naethin o this. It is a blankness.

Anonymous: As weill, as weill . . . daur I gae faurther?

MIchael: Aye. Though I grue at your words. Why was I never tellt o this?

Anonymous: Wha micht bell the baudron? Wha sae brave as tell Michael Scott his ain story? You were dounstairs and your mither in an upstairs chaumer when the nouris let Lamkin in. Syne they taen you oot the cradle and steekit you wi an airn pin tae gar ye greet. Lamkin gaithert up your skailin bluid in a smaa siller bowl he'd brocht. He swore it was a cure for his disease. Syne, your mither caaed doun the stairs *whit's wrang wi the bairn? Why daes he greet sae sairly? Sing tae him tae sooth him, nouris.* And the fause nouris sang tae ye, *Hush a baa, hush a baa, hush a baa, balou, your faither's awaa and there's naebody hame nou* and aa the whiles she sang she stuck you wi the pin till you were greetan the hoose doun. Syne your mither cam doun the stairs and caaed oot fearfou, *wha's hiding doun thonder, wha's hurting ma bairn?* Syne the twaa hertless monsters taen a haud o her and slauchtert her wi sherp knives. The haa and the stairs were rinnin reid wi her bluid and yours. Syne they fled awaa tae the moss and muirs and left ye for deid, bleeding, in a bluid soakit cradle. The day servant found you, aye breithin and bandaged your wounds wi clouts. And this is whit Balwearie came back fae Lunnon tae.

Michael: And Lamkin and the Nouris?

Anonymous: They caught the twaa fair houlet wi the bluid aye slaistert ower their faces and haunds. They were hauf hingit syne burned in tar barrels on the beach. No a word o repentance did either utter. Juist fearfou blasphemies and curses.

Michael: And ma faither?

Anonymous: He ordered that ye never be tellt. But I tell you nou as you gae tae be judged. This is why you hate musick. And tak tent o this, Michael. You are a pairt o the ballad as we aa are. We are aa o us fragments, notes, words in a muckle ballad. And naebody ranks mair nor less in the muckle sang o creation.

Michael: I am fair stouned by this.

Lichts oot.

Epilogue

Dim caunle lichts, flauchteran shadows. A dungeon. The Planets are seated on a raised platform on twa binks. Muin, Venus, Sun on the first, Mars, Jupiter and Saturn on the second. Mercury sits at a desk wi paper, pen, ink and buiks o law. Michael stands facing them, Anonymous sits aside him. Thomas sits at the back neir stairs.

Saturn: Let the trial begin. And let justice be duin summarily. I'll waste nae mair guid time on a worthless mortal wha has caused sic a steer wi his impudent assertion o will. Wha arraigns the upstert?

Muin: I dae – for it is I wha hae been wranged maist cruelly by his selfish spite, ambition and vanity.

Saturn: Whit is the chairge?

Muin: That he kittled up deils tae cowp a cruel net ower me and thirlt me tae the Yetts o Hell, the better tae stint the celestial dance and kill the clapper coont o meisured and recorded Time. I faurther accuse him o heicher moral crimes – murder, blasphemy and despair.

Saturn: And gin these chairges are proven – which they will be – whit sentence wad ye deem fit for him tae expiate sic crimes?

Muin: I wad send him back tae be tortured, deaved and tormentit by the very deils wha he first taen up wi – gin ye flep wi the craws syne you are shot wi them.

(The Gods shaw their assent wi this, noddin their pows and murmuring and applauding.)

Anonymous: Ma Lord Judge Saturn – gin I maun speik up – nae in defence o the accused, for there can be nae disputation or equivocation regairding his crimes. Houever I wad mak a plea o amelioration on his behalf …

Saturn: Gin ye maist – but mak it gey quick. Chronos has juist been wound up again – I'm sweir tae lend a lug tae his peeliewally mortal excuses. *The Ane* wha puit him up tae this'll no be blate while we blether. I jalouse he'll be scheming his neist pliskie while we swither ower your punishment.

Michael: Wheesht Anonymous, ma brave defender! Let me speik up for masel, worthy Lord Saturn – I am weill able tae dae sae. I puit forward nae defence. Let me dispense wi this wyce cooncil, sir.

Saturn: Aye – if that is your intention. It'll hasten your doom.

Anonymous: On your ain heid be it!

Michael: Sir – I confess tae aa the chairges brocht against me. And mair asides. Firstly, I hae sinned against Creation and Life itsel. I unnerstaund the ingratitude and heinousness o that nou. I

92

deserve nae peity, remeid or devaul. I am guilty. Aa I ask o the just and mercifou Gods is that I maun be alloued tae wale a punishment for masel commensurate wi ma terrible crimes against the ae and ayeweys God. A sin against God is a sin against Life.

Mars: Whit gies ye the richt tae mak sic a plea? Upstairt! Prood peacock on a midden o richtiousness.

Michael: As I stuid on the cairt on the road tae Hell I luikit intil the pit mirk and depthless abyss o despair. Yet afore I gaed ablaw for the last time, like a drouning man in a menseless sea, I saw a licht in the luift abuin me and a haund, a nieve o licht cam raxin tae me. Howp and Faith redeemed ma saul. But the haund didnae rax tae heeze me up oot o the mire and howpless rowp o moral infaa – it pyntit tae ma ain bane house, tae ma hert. Syne I luikit doun and saw that ma haill sel was wrocht o leamin licht – a licht sib wi the licht i the luift. And thon saul licht micht blin aa o Hell's burgh …

Mars: Acht, he comes oot wi aa this nou! Whaur was sic piety afore? He plays the humbled convert tae get aff wi it.

Michael: Wi respect – I dae not, Lord Mars. You maun doom me as you see fit – but this wittin I need tae pass on. I hae learned a lesson – aye, a gey sair ane, but yet I hae learned it well.

Venus: Whit lesson hae you learned, Michael?

93

Michael: *Enough.*

Jupiter: Enough? Whit means "Enough"?

Michael: Enough tae bide at peace. Tae tell ma drouthy, gluttinous, envious, lustfou, prood, angry, slothfou, avaricious, blasphemous sel – Enough. I ken the true meaning o *Enough* nou. Enough has brocht me tae God. Enough is the lesson I hae lairned. It is enough tae love God.

Sun: Dae ye hae pruif o this?

Michael: Whitever pouer I maun hae ower ma ain thochts, Enough has taught me that ideas perceived by sense hae nae dependence on ma will. When in daylicht I open ma een, it is no in ma pouer tae wale whither I shall see or no, or tae determine whit ae objects shall kyth tae ma sicht – and sae likewise wi ma lugs and ither senses. The ideas screivit on them are craturs o ma will. There is therefore an ither Will that maks them – that Will is God. Naethin sunders me fae God or keeps me apairt fae him – apairt fae the fause waas o ma appetites and wrang conceptions. God has ayeways shawed hisel tae me and ayeways been wi me – for he is pairt o me. I hae derned and smoored him in flesh and bluid, in fause names and lists and numbers.

Venus: This touer has been biggit on strang foundations.

Muin: I hae been wranged maist cruelly – I caa for vengeance.

Michael: I bide on your judgement and willnae question it.

Sun: Whit is the sentence you wad deem tae yoursel?

Michael: Tae be turned intil stane – a Man i the rock – sae that I maun
            lend a lug tae the souch o the wind, the sang o the waves,
            the keen o the gulls, the roll o the peebles on the strand –
            and sae lairn tae lou the world's music until sic a time in
            the faur future when I crumble and faa and turn tae pouther
            and become the humblest, maist laichlie pairt o the mutable
            cauldron o life. That is ma wish. Tae lend a lug tae thon music
            till I lairn tae lou it and its makar.

Muin: It is no for you tae wish aucht. Impudent scunner!

Michael: But mind, Leddy Cythia that this doom wad be maist befitting
            as I wad be subject tae the Muin's governance and whim.

Venus: This is nae aisy penitence – I say we conseider it.

Jupiter: And whit gin ye never lairn tae lou and unnerstaund the
            music?

Michael: When I crumble and turn tae saund ye maun send ma saul
            back tae Hell gin I hinnae lairned ma lesson.

Venus: This sounds fair.

Muin: Send him nou directly tae Hell I say.

Venus: Mind when we struck doun the blasphemer and shameless
                whure Cresseid wi leprosy? It was aa ower wi in a glisk – think
                on it Pale Leddy – this will last a whiley mair gin it is a langer
                revenge ye seek. And as ye rowe ower the luift in the airch
                span o ilka nicht ye can aye keek doun and see your prisoner
                thirlt in his chains o stane as the waves lowp up and foam at
                his feet …

Saturn: Let us hae a collogue on this syne mak oor decision.

(The Gods collogue thegither.)

Anonymous: Are you gey certain o this, Michael? Is this your desire?

Michael: I am. It is.

Thomas: Maister …

Michael: Thank you. Luik efter ma cuddie for me Thomas – monies the
                fine caper we've had thegither …

(Michael kisses Thomas.)

Saturn: The gods hae made their collogue and hae decided. Michael
            Scot o Balwearie. Step forward and tak guid tent o your doom
            ...

(Lichts oot.)

(Lichts back on. The God forsaken strand. The wind blaws, the gulls keen, the
tide rolls and scrunges. The Gods, Thomas, Anonymous hae depairtit. Facing
oot tae sea and still, Michael stands, airms wide in supplication. He has been
turned intil stane.)

The End.

Michael Scot

Little is kent anent the historical Michael Scot (aiblins 1175–1232) ither than he was a medieval mathematician and scholar. Tradition threips that he was born at Balwearie Touer tae the South o Kirkcaldy. He studied at Durham syne Oxford and Paris, makkin hisel aquent wi Philosophy, Theology, Mathematics and Astrology. It is likely that he was ordained as a priest.

It is jaloused that fae Paris Scot gaed on tae Bologna, Palermo and syne Toledo whaur he read and lairned Arabic and Arabic translations o Aristotle, as weill as orginal works by Avicenna and Averroes. As a Maister o Leids (he kent Latin, Greek and Hebrew as weill) he translatit a muckle hairst that had been tint tae Europe atween the Daurk Ages. For this darg alane, he maist be thocht o as ane o the foremaist Scots o aa history and as a kimmer o the michty kythin o thocht and culture we nou caa the Renaissance.

Scot was a polyglot daunerin scholar: when he was around fifty years auld, Frederick II invited him tae his Court o the Twaa Sicilies. Here he translated intil Latin *Historia Animalium, De Anima, De Ceolo.* Fibonacci's famous buik on Mathematics *Liber Abaci* is dedacatit tae Scot. Scot's ain manuscripts concerned themselves wi astrology, alchemy, occult sciences and aathin else that taen up his interest. They include *Uper Auctorem Spherae, De Sole et Luna, De Chiromantia, De Physiognomia et de Hominis Procreatione,* an airly ensuample o psychology.

In a letter fae 1227 screivit by Scot in his *Liber Particularis* Frederick speirs him anent the foundations o the Airth, the kinrick o the Heivins, whit ligs ayont the last Heivin, whaur daes God sit, whaur daes Hell, Purgatory and Paradise lig. He speirs anent the saul as weill as naitral yirthly phenomena sic as volcanoes, rivers and seas. The chronicler Salimbene has Frederick ettlin tae catch Michael oot – he asks him tae work oot the hecht tae Heivin by scaling fae the hecht o a Kirk touer. In secret Frederick has the touer lowered but Michael is aye able tae gie him the richt repone.

But it is in Myth and Legend that Michael Scot bides on. A puckle o stories testify tae his supernaitrel pouers. Ane sic, has him thirlin the Plague in a kist that he buries in a vault at Glenluce castle. In the works o Sir Walter Scott (wha liked tae claim kinship wi Michael) he appeirs in *The Lay O The Last Minstrel*. He rides ben the lift on his bleck courser Diabolus and flegs the King o France by dingin doun aa the kirk bells o Paris. Scott depicts him in the ooriesome muinlicht o Melrose Abbey, happit in his wizard's duds. James Hogg has him in *The Three Perils Of Man* playing cruel pliskies tae amuse hisel. Anither tale has him turning a coven o witches (lang Meg and her dochters) intil a stane circle. But Michael Scot's reputation as a practiser o the bleck airts had aaready been established juist a generation efter his deith when Dante puit him in the echt circle o hell reserved for sorcerers, astrologers and fause prophets in *the Inferno*. Bocaccio and Mirandolla flyte him and portray him in similar lichts.

Either wey, the real Michael Scot disnae seem tae hae been a chiel wha tholed fuils easily. Whit we ken o him suggests that apairt fae the fact he was highly intelligent, during and efter his life he was respected, feared but aiblins nae weill understuid.

Lang Lambkin

Lang Lamkin, Child Ballad No.93, is a fifteenth century ballad, thocht tae be based on a true story that tells hou a wumman and her bairn were brutally murdered. Maist versions set this ballad at Balwearie Touer, the hame o Michael Scot. In different versions the murderer is variously caaed *Lambkin, Lamkin, Lincoln and Limkin*, though some modern ballad researchers think it micht hae been Rankin.

In the ballad, the Maister o Balwearie has gaun awaa on business, leaving his wife and bairn ahint. Afore he gaes he warns his wife tae keep the door barred while he is awaa and tae tak tent o Lambkin. In some versions Lambkin is pentit as a bogeyman but ithers say that the Maister hasnae peyed Lambkin, wha is a mason and due siller for biggin wark duin on his castle. Lambkin has a grudge. He bides oot on the lanely moss and muir – an ootcast – but is let intil the castle yett by a *false nouris*. Thegither they slaughter first the bairn in his cradle, steeking it wi needles and syne stabbing the leddy o the Hoose, wha hears the bairn greetan and comes doonstairs. On his retour the Maister finds their bodies. The culprits are caught and Lambkin is hingit and the noursis burned for their wicked deeds.

The association o the name *lambkin* wi peelie wallieness has been seen by some scholars as a wittin that Lambkin suffered fae leprosy. Lambkin and the nursemaid gaither up the bairn's bluid in a basin which suggests he was seeking tae cure hisel by bathing in the bluid o an innocent collected in a silver bowl, (in medieval times this was thocht o as a cure). Ither interpretations include the norra o a bluid sacrifice being cairred oot at the biggin o a new hoose – a tradition continued later on wi the liggin o carved dolls, heids, shoon and ither tokens liggit in founds, joists and chimney breists. Versions o the ballad hae been recorded in Scotland, England and the US.

Lang Lamkin

It's Lamkin was a mason good
As ever built wi stane;
He built Lord Wearie's castle,
But payment got he nane.
'O pay me, Lord Wearie,
Come, pay me my fee:'
'I canna pay you, Lamkin,
For I maun gang oer the sea.'
'O pay me now, Lord Wearie,
Come, pay me oot o hand:'
'I canna pay you, Lamkin,
Unless I sell my land.'
'O gin ye winna pay me,
I here sall mak a vow,
Before that ye come hame again,
Ye sall hae cause to rue.'
Lord Wearie got a bonny ship,
To sail the saut sea faem;
Bade his lady weel the castle keep,
Ay till he should come hame.
But the nourice was a fause limmer
As eer hung on a tree;
She laid a plot wi Lamkin,
Whan her lord was oer the sea.
She laid a plot wi Lamkin,
when the servants were awa,
Loot him in at a little shot-window,
And brought him to the ha.
'O whare's a' the men o this house,
That ca me Lamkin?'
'They're at the barn-well thrashing;
'Twill be lang ere they come in.'

'And whare's the women o this house,
That ca me Lamkin?'
'They're at the far well washing;
'Twill be lang ere they come in.'
'And whare's the bairns o this house,
That ca me Lamkin?'
'They're at the school reading;
'Twill be night or they come hame.'
'O whare's the lady o this house,
That ca's me Lamkin?'
'She's up in her bower sewing,
But we soon can bring her down.'
Then Lamkin's tane a sharp knife,
That hang down by his gaire,
And he has gien the bonny babe
A deep wound and a sair.
Then Lamkin he rocked,
And the fause nourice sang,
Till frae ilkae bore o the cradle
The red blood oot sprang.
Then oot it spak the lady,
As she stood on the stair:
'What ails my bairn, nourice,
That he's greeting sae sair?
'O still my bairn, nourice,
O still him wi the pap!'
'He winna still, lady,
For this nor for that.'
'O still my bairn, nourice,
O still him wi the wand!'
'He winna still, lady,
For a' his father's land.'
'O still my bairn, nourice,
O still him wi the bell!'

'He winna still, lady,
Till ye come down yoursel.'
O the firsten step she steppit,
She steppit on a stane;
But the neisten step she steppit,
She met him Lamkin.

'O mercy, mercy, Lamkin,
Hae mercy upon me!
Though you've taen my young son's life,
Ye may let mysel be.'

'O sall I kill her, nourice,
Or sall I lat her be?'
'O kill her, kill her, Lamkin,
For she neer was good to me.'

'O scour the bason, nourice,
And mak it fair and clean,
For to keep this lady's heart's blood,
For she's come o noble kin.'

'There need nae bason, Lamkin,
Lat it run through the floor;
What better is the heart's blood
O the rich than o the poor?'

But ere three months were at an end,
Lord Wearie came again;
But dowie, dowie was his heart
When first he came hame.

'O wha's blood is this,' he says,
'That lies in the chamer?'
'It is your lady's heart's blood;
'Tis as clear as the lamer.'

'And wha's blood is this,' he says,
'That lies in my ha?'
'It is your young son's heart's blood;
'Tis the clearest ava.'

O sweetly sang the black-bird
That sat upon the tree;
But sairer grat Lamkin,
When he was condemnd to die.
And bonny sang the mavis,
Oot o the thorny brake;
But sairer grat the nourice,
When she was tied to the stake.

Thomas The Rhymer

Thomas o Erceldoune (Earlston) or Learmonth (c1220 – 1298) was a thirteenth century laird and prophet, aftimes kent as Thomas The Rhymer or True Thomas. In Child Ballad No. 37 he is taen by the Queen O Elfland tae her kinrick. On his retour tae the airthly world he has the gift o prophecy and he cannae tell a lee. Ballad scholars jalouse that the romance o him was made up around 1400 and wrocht intil ballad form by 1700. The story gaes that Thomas is liggin aside an aik tree when the Elf Queen comes ben wi her entourage and beckons Thomas tae gang wi her. Thomas mistakenly caas her the Queen O Heivin but she belangs tae an auldren pre Christian time. She shaws him three ferlies – the gait tae Heivin, the gait tae Hell and the gait tae her ain airt. Thomas is wi her here for seivin lang years. When he leaves she offers him the fairin o either harper or prophet and he wales the latter.

Monie prophecies are attributed tae Thomas, amang them:

> *"On the morrow, afore noon, shall blow the greatest wind that ever was heard before in Scotland."*

This prophecy predicts the daith o Alexander III at Pettycur in 1286 and the Wars o Independence that came efter.

Anither ane is:

> *"Who shal rule the ile of Bretaine*
> *From the North to the South sey?"*
> *"A French wife shal beare the Son,*
> *Shall rule all Bretaine to the sey,*
> *that of the Bruces blood shall come*
> *As neere as the nint degree."*

This prophecy purports tae hae presaged Scottish rule ower aa o Britain by James the Sax efter the daith o Elizabeth o England.

Amang monie ither prophecies Thomas is said tae hae made are:

"When the Yowes o' Gowrie come to land,
The Day o' Judgment's near at hand"

The Yowes o Gowrie are twaa muckle boulders near Invergowrie, raxin oot fae the Firth O Tay, said to approach the land at the rate o an inch ilka year.

And:

"York was, London is, and Edinbro 'ill be,
the biggest and the bonniest o' a' the three"

Thomas the Rhymer

True Thomas lay on Huntlie bank,
A ferlie he spied wi his ee,
And there he saw a lady bright,
Come riding down by the Eildon Tree.
Her shirt was o the grass-green silk,
Her mantle o the velvet fyne,
At ilka tett of her horse's mane
Hang fifty siller bells and nine.
True Thomas, he pulld aff his cap,
And louted low down to his knee:
'All hail, thou mighty Queen of Heaven!
For thy peer on earth I never did see.'
'O no, O no, Thomas,' she said,
'That name does not belang to me;
I am but the queen of fair Elfland,
That am hither come to visit thee.
'Harp and carp, Thomas,' she said,

'Harp and carp along wi me,
And if ye dare to kiss my lips,
Sure of your bodie I will be.'
'Betide me weal, betide me woe,
That weird shall never daunton me;'
Syne he has kissed her rosy lips,
All underneath the Eildon Tree.
'Now, ye maun go wi me,' she said,
'True Thomas, ye maun go wi me,
And ye maun serve me seven years,
Thro weal or woe, as may chance to be.'
She mounted on her milk-white steed,
She's taen True Thomas up behind,
And aye wheneer her bridle rung,
The steed flew swifter than the wind.
O they rade on, and farther on,
The steed gaed swifter than the wind
Untill they reached a desart wide,
And living land was left behind.
'Light down, light down, now, True Thomas,
And lean your head upon my knee;
Abide and rest a little space,
And I will shew you ferlies three.
'O see ye not yon narrow road,
So thick beset with thorns and briers?
That is the path of righteousness,
Tho after it but few enquires.
'And see not ye that braid braid road,
That lies across that lily leven?
That is the path of wickedness,
Tho some call it the road to heaven.
'And see not ye that bonny road,
That winds about the fernie brae?
That is the road to fair Elfland,
Where thou and I this night maun gae.

'But, Thomas, ye maun hold your tongue,
Whatever ye may hear or see,
For, if you speak word in Elflyn land,
Ye'll neer get back to your ain countrie.'
O they rade on, and farther on,
And they waded thro rivers aboon the knee,
And they saw neither sun nor moon,
But they heard the roaring of the sea.
It was mirk mirk night, and there was nae stern light,
And they waded thro red blude to the knee;
For a' the blude that's shed on earth
Rins thro the springs o that countrie.
Syne they came on to a garden green,
And she pu'd an apple frae a tree:
'Take this for thy wages, True Thomas,
It will give the tongue that can never lie.'
'My tongue is mine ain,' True Thomas said;
'A gudely gift ye wad gie to me!
I neither dought to buy nor sell,
At fair or tryst where I may be.
'I dought neither speak to prince or peer,
Nor ask of grace from fair ladye:'
'Now hold thy peace,' the lady said,
'For as I say, so must it be.'
He has gotten a coat of the even cloth,
And a pair of shoes of velvet green,
And till seven years were gane and past
True Thomas on earth was never seen.

The Elfin Knicht/The Fause Knicht On The Road

The Elfin Knicht, Child 2, is a tradeitional ballad o which there are a fowth o versions, aa taen up wi supernaitral daeins and hou tae wrocht dargs that are oot the winnock by human benchmerks. In the auldest variant o the ballant (1600 - 1650) an elf propones tae cairry aff a young wummen and hae his wey wi her gin she cannae dae the trauchles whit he bids her. She repones wi her ain list o unwinnable struissles sae tae escape fae being his lover. In *Leddy Isabel and the Elf Knicht,* the elf blaws a horn that kittles up lust and desire in whaever hears it. Later versions cowp the airt o the desire wi the elf setting stents for the leddy tae perform. In ither makkins the Deil taks ower the role o the Elf.

In *The Fause Knicht On The Road* the Deil speirs a smaa bairn wha answers him back guid style and sends him awaa wi his luif in his lug. In aa the sundry faushionings o these auld sangs baith the Earldom O Hell and The Faerie Kinrick, their beings and pouers, should ayeweys be takkin wi guid tent. Deils and Elves are aye eydent and kythin in the human world tae swick mortal fowk wi pliskies tae mak them tint their bodies as weill as their sauls. It is wycelike tae pey respect tae these craturs and aiblins tae be feart o them gin they cross your path but whit is heartening is that they maun be bate by a canny person wha isnae blate tae speik up tae them and wha kens fine the rules that aa ablaw the muin are forced tae bide by.

The Elfin Knicht (fou version)
A lady wonned on yonder hill,

Refrain:	*Hee ba and balou ba,*
	And she had musick at her will,
Refrain:	*And the wind has blown my plaid awa.*

Up and cam an auld, auld man,
Wi his blue bonnet in his han.

"I will ask ye questions three;
Resolve them, or ye'll gang wi me.

Ye maun mak to me a sark,
It maun be free o woman's wark.

Ye maun shape it knife- sheerless,
And ye maun sew it needle- threedless.

Ye maun wash it in yonder well,
Whare rain nor dew has ever fell.

Ye maun dry it on yonder thorn,
Where leaf neer grew since man was born."

"I will ask ye questions three;
Resolve them, or ye'll neer get me.

I hae a rig o bonnie land
Atween the saut sea and the sand.

Ye maun plow it wi ae horse bane,
And harrow it wi ae harrow pin.

Ye maun shear't wi a whang o leather,
And ye maun bind 't bot strap or tether.

Ye maun stack it in the sea,
And bring the stale hame dry to me.

Ye maun mak a cart o stane,
And yoke the wren and bring it hame.

Ye maun thresh't atween your lufes,
And ye maun sack't atween your thies."

"My curse on those wha learn d thee;
This night I weend ye'd gane wi me."

The Fause Knight On The Road

'O whaur are ye gaun?'
Refrain: *Quo the fause knicht upon the road*:
'I'm gaun to the scule.'
Refrain: *Quo the wee boy, and still he stude.*

"What is that upon your back?"
"Atweel is my bukes,"

"What's that ye've got in your arm?"
"Atweel it is my peit."

"What's aucht they sheep?"
"They are mine and my mither's."

"How monie o them are min?"
"Aa they that hae blue tails."

"I wiss ye were on yon tree."
"And a gude ladder under me."

"And the ladder for to break."
"And you for to faa down."

"I wiss ye were in yon sea."
"And a gude bottom under me."

"And the bottom for to break."
"And ye to be drowned."

Dysart, The Deil and The Man i the Rock

Though it is lang been threipit that the Deil is buried in Kirkcaldy, Auld Hornie is associated as weill wi the neeboring Burgh o Dysart. The first record o the toun is fae the airly 13th century though fowk had been biding thonder for much langer. During the middle o the 15th century, tred with the Low Countries stertit up for saut and coal tae be ferried ower the Nor Sea. In the 16th and 17th centuries, tred raxed as faur as the Baltic states and by then Dysart had acquired twaa nicknames: *Saut Burgh* and *Wee Holland.*

The local saying *as auld as the three trees o Dysart* is a norrae that the former Royal Burgh has a history streetching awaa back tae ancient times. There are sundry accounts for the nemme itsel: ane fae the Latin *deserta,* in this case meaning a fasting place for a halie man in reference tae Saint Serf; on the ither haund statistical accounts fae parish meinisters atween 1793 and 1836 cite the Gaelic word *Dus ard* meaning *the temple o the maist heich.* Dr John Stuart screivit: *We learn from an early life of St Serf that he would resort to cell or caves for the purpose of devotion, and that while in one of the latter "in deserto' he was assaulted by the devil, who wished to engage him in a religious disputation.*

St Serf, or Servanus, wha deed in 543, was Abbot o Culross further West alang the Fife coast. He became kent as *the Apostle o the Ochils* bringing Christianity tae the pagan fowk o Fife and thereabouts. He waled hermit retreats for hisel and his monks whaur they micht keep awaa fae the temptations o the sinfou World, tae pray and meditate and rax their sauls neirer tae God. Hence the nemme *deserta.* According tae legend Servanus sought refuge in a cave at Dysart and focht a battle wi the Deil and puit him tae flicht. This meant that the Deil wad hae nae faurther jurisdiction in the airt. In the middle ages the cave was made intil a chapel, *The Chapel o Holyrood,* through the connection wi the St Clair faimily wha biggit Rossyln Chapel as weill and wha were aucht the lands roundabout Dysart including Ravenscraig Castle. Later on St Serf's cave became a wine cellar in the grounds o Dysart Hoose. Dysart Hoose birlt fou circle when it became a Carmelite Monastery.

Ither explanations for the Satanic kythins said tae occur alang the Dysart and Wemyss shoreline propone that seams o surface coal wad betimes tak fire during drought in summer and passing fowk micht jalouse that the lowing caves boaking furth reek and flames were gateweys and inroads tae the Earl o Hell's sulfury kinrik.

Either wey, the airt has a lang and legend-steekit history. Whit is no a maitter o legend is the sculpture o *The Man i the Rock*. This was the darg o a weaver caaed John Paterson, wha wad trauchle oot tae the ruid rocks atween Dysart and Wemyss efter his wearisome shift during the summer nichts o 1851. Thonder he cervit and howkit in laich relief the figure o Bonivard, fae Byron's verse tale *The Prisoner O Chillon*. This tells the story o the lane survivor o a faimily persecuted for their religious beliefs, the faither haen been martyred at the stake and Bonivard imprisoned in the dungeon o Rhon Castle, the last o sax brithers. The statue o *The Man i the Rock* became a weill kent local landmark and had airn palings puit round it tae protect it. Fowk wad daunder oot tae admire it on caller eens and douce sabbaths. Sadly, it was cowpit awaa in a roch storm in 1971 when the waves lashed the Fife coast.